沒有好條件，也能夢想成真

百萬人氣的人生導師，教你善用好頻率、調整思維、擺脫低潮，就能扭轉人生！

維克斯・金 VEX KING——著
鍾莉方——譯

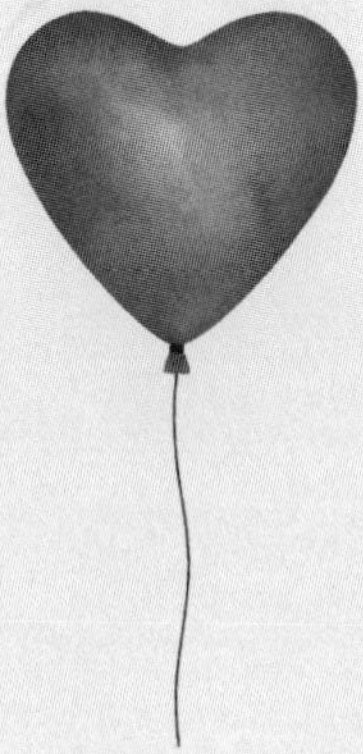

GOOD VIBES, GOOD LIFE

How Self-Love Is the Key to Unlocking Your Greatness

目錄

Part 2 培養十大好習慣，與負能量斷捨離

Part 3 把自己放在首位，告別消耗你的關係

Part 4 接受自己，拿回你的人生主導權

Part 5 改變信念，剔除扯你後腿的想法

Part 6 採取行動，夢想顯化唾手可得

Part 7

正面看待挑戰，信任生命對你有安排

推薦序：培養召喚幸福的體質

柚子甜／心靈作家

從事身心靈工作以來，一直有人詢問我「許願」的心法。

或許是因為「吸引力法則」盛行多年，故事在你我口耳間傳遞，人人都聽說過有誰確實靠這套法則成功了，但那個「誰」都不是自己。近年來，神祕學中更是盛行新月許願、滿月許願、許願蠟燭、許願魔法油等等儀式；即使表面上不信這一套的，也不好說自己不曾在心靈脆弱的時候，經過廟宇神殿前，點一炷香或奉獻一些銅板，低聲默禱那無聲的心願。

只要提到許願，就會觸及這混亂的現世中，人人在尋找的一塊失落的缺角。或許心靈工作者看起來，又比尋常人更接近那塊謎底一點點，因此很多人認為我們持有許願的祕方，也是合情合理的吧。

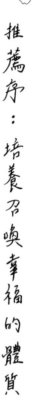

我是善於許願的心靈工作者嗎？我必須老實說，曾經我也是鐵齒的那一派，根本不相信「只要真心想要，宇宙就會聯合起來幫助你」那一套，即使已經接觸神祕學領域一陣子，也知道一些許願的儀式，但我寧可持著觀望態度，把時間花在探索內心，活在當下，而不是渴求更多自己沒有的事物。

然而即使抱持著不置可否的態度，我卻和這本書的作者一樣，都在無意間發現某些時候，願望就是莫名其妙成真。甚至很多是一開始覺得「最好是啦！怎麼可能！」的那種超難實現的願望——明明許願的時候只是稍微想一下「啊，真希望可以這樣那樣」，沒有特別做什麼儀式、沒有觀想、有的許完還直接忘記，竟然就在沒多久之後，被一個福至心靈的念頭，推著我去做某件事；或是出乎意料的發展忽然從天而降、遇到一個特別的邀約，之後推展出一連串的事件後，願望就這樣彈手指般，啪地一下被實現了。

我到底做對了什麼？為什麼有時候感覺自己就像神燈精靈，許願百發百中；有時候卻不管怎麼苦苦努力，老天不給我就算了，還直接讓我翻船？我找到的答案跟作者出奇地一致——那就是「頻率」。

當一個人渴望某樣東西的時候，往往會困在覺得自己很可憐、不滿意現況的情緒裡，而這樣的陷溺，會讓我們能量場充滿匱乏的頻率，招來更多的自我陷溺。反之，那些容易美夢成真的人，都是很容易開心的人，他們活在一個滿足而自愛的頻率裡，而這個頻率又為他送來更多的心想事成，這才是吸引力法則的真正意義。

也因此，我後來都跟來問我許願訣竅的讀者說，重點不是「儀式」做得多繁複，而是培養容易幸運的「體質」。如果你也想培養這樣的體質，這本書有豐富的指引，讓我們可以從日常生活中，就把自己的能量照顧得好：例如放鬆獨處、斷捨離八卦雜訊，甚至連攝取的食物都不馬虎，盡可能地營養天然。

此外冥想覺察，去除綁住自己無法行動的負面信念，也能讓自己更加靠近願望的實踐——畢竟願望成真，不是什麼都不做，在家中等著老天來敲門。

我特別喜歡書上的一句話：「行動本身就是一種頻率振動。」如果你也想培養召喚幸福的體質，就從閱讀這本書開始行動吧！

致謝

媽，我將這本書獻給您。無論生活多麼艱辛，你的力量、信念以及毅力，總將一切化為神奇。

無論這一路走來發生了多少事情，還有那些讓你對我失望的時刻，你都還是無條件地愛我。這份愛帶領著你全然地付出，也是這份愛讓我能夠將笑容掛在我的臉上。你總是原諒我、擁抱我、對著我哈哈大笑、激發我的靈感、鼓勵我、療癒我，你盡你所能來展現你這份愛，讓我知道任何事情都是有可能的。因此，我今天才能走到這裡，將我的愛透過文字持續地散播給其他人。

當然，還有爸爸，沒有你，我也不可能存在。雖然我沒有機會好好地認識你，不過我總是能夠感受到你的力量，在我最需要的時候給予我適當的引導。我相信我的出生對你意義非凡，也希望你以我為榮。

最後，我想把這本書獻給懷有夢想的每一個人，無論你只是單純地想要糊口飯吃，還是希望能夠撐過黑暗的低潮。我的夢想一直都是想要寫本書，讓我能夠讓世界有些正向的改變。如果我可以，你也必然可以。我相信你，也希望你如此這麼做。

引言

在我童年的時期，有整整三年我們流離失所，無處安身。我們會去擠親戚家，甚至在某些時候，入住流浪漢庇護之家。我很感謝當時的我們有容身之地，但現在想起來，庇護之家的經驗讓我心有餘悸。

那裡總是有一些看似不懷好意的傢伙埋伏在入口處，當我們走進建築物時，我沒辦法忘記他們咄咄逼人、直視你眼神的樣子。當時才四歲的我感到十分恐懼，但是我的母親總安撫著我，說沒事的。她要我往下看，然後直直地走進自己的房間就好。

有天晚上我們外出，回來的時候看到樓梯間及走廊的牆面上都是血，地板上都是玻璃碎片，我跟姊姊從未如此驚惶失措。我抬頭看了媽媽一下，也看見她眼神中的恐懼。然而，她還是鼓起勇氣，提醒我們要小心翼翼地跨過玻璃區，回到我們的房間。

對我們而言，眼前的狀況就是一顆震撼彈，我們在房間內試圖拼湊樓下走廊可能發生的事情。接著，我們聽見陣陣的尖叫聲，大吵大鬧的怒吼聲此起彼落，感覺一片混亂。我再次望向媽媽，希望能得到一點安慰。她將我們往她懷裡抱緊，告訴我們不要擔心。但是，我聽見她內心噗通噗通地跳動，她跟我們一樣身處於恐懼之中。

那天晚上我們都沒睡好，尖叫聲沒有停過，警察不曾出現過，也沒有任何人出面阻止，真是令人訝異！一切讓人感覺根本沒有一個人在乎庇護所居民們的安危，根本沒有人在乎我們。在這個冷漠、腐敗的世界之中，我們只剩下彼此。

當我與親朋好友提起這段童年回憶時，大家都會大吃一驚，怎麼可以在這麼小的年紀之中記住這些事情。他們總是問我：「你怎麼連這都記得？你還那麼小！」這些記憶都只是段落的碎片，也非水晶般地透澈，細節更是記不清楚。然而，我記得大部分經歷事件的感受，無論事件的好壞，有太多的情緒依附在這些事件上頭，也糾纏著我好長一段時間。

有些青少年時期的回憶揮之不去，而我總是希望可以忘掉一切。我想將所有相關的記憶抹去，不想讓幼時所經歷的掙扎，時不時地提醒我它們的存在，有些事情甚至讓我感到慚愧。當時的我無法自在地做自己，有些時刻的話語或者所作所為，根本不是那位住在內心深處的小孩的期望。我時常感覺這世界不斷地在傷害我，而我也一心只想著要反擊。

現在一切都不同了。當我往回看種種的過往時，我現在能欣然接受所發生的一切。所有的事件都是學習的機會。

無論好壞，無論命運如何捉弄人，這些事情都完整地拼湊出現在的自己。

即便痛徹心扉，也都是一種祝福，讓往後的我受益匪淺。事實上，我人生的經歷才是點燃我逃離苦難以及找出美好人生途徑的動力。

我將自己從生命課題所學到的經驗都分享在這本書中，希望能夠帶給你更清晰的視野及引導，讓你能夠活出我稱之為美好人生的生命。從我的經驗故事中，你擁有絕對的主宰權，我相信有些想法將與你有所共振，而有一些會讓你感到不舒服、不自在。無論如何，我深信你將能夠運用我在這本書所提到的概念，讓你能夠在自己的生命中，體會到驚人的正面轉變。

我並非是哲學家、心理學家或者科學家，也不是宗教的領袖。我只是單純熱愛學習以及分享我的所見所聞，期望讓有緣人能夠放下自己不喜愛的感受，為自己添加更多的幸福感。

我相信，這星球上的每一個人都是來創造改變，而我則是致力於協助每個人找出自己生命的意義，這樣你才能對動盪不安的世界做出有價值的貢獻。假設所有居住在這星球上的人們，都能共同成為意識清明的公民，絕對能為這地方減輕一些負擔。當你能夠將自己的潛能最大化，你改變的不只是你自己的世界，還有你周圍身邊其他人的世界。

有些人能夠接受得過且過的日子，不讓自己活出美好人生和超脫一般人習以為常的平庸生活。然而，若你想擁有美好的人生，需要你先看見自己的美好。簡單來說，美好就是成為自己更美好的版本，你將突破一條虛擬的界線，這條將你困住在你認為自己必須向人生妥協的界線，然後跨出到超乎你想像的領域。看透美好的心態，意味著活出無極限的人生，處處綻放著無限生機。因此，我們並無法界定美好的開端或結尾，只能努力成為那一份美好。

請停止討好他人。

好好地討好自己！

讓自己延展出去！

考驗自己無極限！

成為你能夠活出最好版本的自己。

這本書需要你此時此刻盡全力地開始活出最好的自己。我的目的就是協助你用各種方式，比昨日、比任何一天，在你往後生命中的每一天，都能活出更美好的自己。當你每天醒來都帶著這樣的想法，並且有意識地跟隨這樣的意識之流時，外在每個角落將會激發你不同靈感，讓你驚奇不已。

美好並非是一維的術語。這的確是一個很抽象的字眼，而且大多數的人都將這個字跟天賦、金錢、物質生活、權威、社經地位或者自身成就的高低聯想在一起，然而美好遠不止於此。它必須與目的、愛、無私、謙虛、知足、良善共存，還有人類最終極的目標——快樂。對我而言，當美好浮現腦海時，這意味著在生命所有道路上獨步天下，帶給這世界正面的影響。美好之人並非會大肆揮灑財富，而是那些被我們認為，在這世界活出精采人生的地球居民。

你值得美好的人生，而這本書會協助你創造出來。

每日目標

成為比昨日更美好的自己

我邀請你在社群媒體上面張貼與這本書有關的圖片，或者你最喜愛的圖像、頁面、格言，或是分享一些自己人生的經驗，接著標上 #VexKingBook，讓我能夠看到，將你的貼文分享在我的粉絲頁。

愛自己：一個平衡的觀點

平衡是通往安樂之道：工作與玩樂、花費與儲蓄、歡笑與嚴肅、離開與留下、動與靜。當生命中任何一個事物失衡時，都能讓你感到精疲力盡，還背負著其他不討人喜歡的情感負擔，像是內疚感。

以動靜平衡打個比喻：假設你現在大四，剛好是作業小組的組長，有一天偶然發現你在社群媒體上面蠻欣賞的組員，對團隊的作業進展並沒有什麼幫助，只發生一次的話你確實能睜一隻眼閉一隻眼。不過，如果接下來好幾個作業，你發現這個團隊的生產力過低，你會提醒大家，在不改善的情形下，你可能必須要通報這門課的老師。假設組員們持續我行我素，完全聽不進你的話，而你決定採取下一步時，你內心是否會感到內疚呢？

當你是一位內心柔軟又帶同理心的人時，你可能會害怕傷害他們的感受，讓他們惹上麻煩。向老師舉發這些人後，他們可能要面對一些嚴重後果，或許會影響到整堂課的分數，甚至是組員們未來的出路。然而，當他們擺出不尊重你的姿態，也將你的警告當耳邊風時，你會覺得這些人根本是在踐踏你的好意，認為這理所當然。你還會擔心其他組員的感受，將你的寬容誤認為偏袒，對你的無為感到心灰意冷。

在這種情況下，如果你是帶有善意且真誠的心，並採取公平公正的態度，你其實無須為採取進一步的動作而感到內疚。

你必須要明白，面對不尊重彼此的人，切割並非不公不義。

身為小組組長，請記得自己已經盡了最大的努力，只是不幸的是，你的朋友選擇不做出對等的回應。假設你繼續放任下去，你所面對的風險將會是失去你內在的平和、組員們對你的尊重，甚至影響到你們最終的分數。

這種制衡模式會讓你感到舒服自在，且能避免一些不好的感受，像是內疚感。你可以採取行動，也能展現耐心。你能將心比心，也能寬宏大量。你能夠感到平穩，也能擁有權威感。最有可能發生的事情是，這名學生或許會惱羞成怒，卻也能因為得到另一次重新改過的機會而尊重你。

這與自愛（self love）有什麼關聯性呢？其實，大家都誤解自愛這兩個字了。自愛滋養自我接納，但許多人卻用此來當作是逃避挑戰的藉口。事實上，自愛有兩個相

自愛是在接受如實的自己，
以及知道自己值得更美好的事物之間找到平衡，
接著就是好好地去努力，
讓美好也能在外在顯化出來。

當重要的元素，如果想要擁有美滿的生活，這兩者需達到平衡。

第一個元素為對自己無條件的愛，這需要把專注力放在自己的思維上。以現實面而言，如果你體重變輕、變重或者動了醫美手術，你不會因此愛自己更多。當然，你對自己會多點自信心，但是無論自己渴望做出何種改變，自愛是欣賞如實的自己，接納自己當下的立足點。

第二個元素為激勵自己成長，這需要把專注力放在行動力上。自我進步、生活改造也是自愛的一部分，因為這意味著你發現你不需安於平庸，而是值得更好。

當我們提到自愛時，你可以想想無條件愛他人究竟意味著什麼。比方說，你的伴侶有令你厭煩的一些習慣，但這不代表你會因此而減少愛他。你接受對方最真實的面貌，也從這些缺點得到一些領悟，你願意永遠為他最大的利益著想。因此，如果這習慣會影響到對方的健康時，你會支持他做出正向的改變。這就是你無條件愛他的一種表現。你不會嚴厲地批判他，卻希望他也能夠活出最美好版本的自己，這都是為了他著想。自愛就是應用在自己身上：為自己的最大利益著想。

真正的自愛會在生命中的任何層面添加更多的價值，從你的飲食到靈性修練或者人際互動上。而且，自愛最重要的環節就是接納：對自己當下的狀態感到滿足、開心。自愛其實就是賦予自己力量、享有自由。

當你了解自愛的真諦時，你必然會在所思所為之間找到平衡點。反之，在失衡的情況下，我們則會時不時地失足跌倒，對人生感到迷惘。當你開始願意愛自己的時候，生命也會反過頭來愛你。

當你的思想與行為處於平衡的狀態時，你本身的能量振動會變高。我們會在接下來的章節中探索這個部分。

Part 1

改變人生的頻率法則

♥前言——一切從祕密開始

我在大學期間陷入經濟困境。當時的我有申請到就學貸款，但這筆錢大部分都拿去支付我的住宿費用，所剩不多，根本不夠我當時的生活費，也沒辦法買教科書。我不敢跟我媽媽伸手拿錢，畢竟我知道她自己也時常入不敷出。而且，我要是真的開口，她必定會把這筆錢擠出來給我，就算是要她好幾個禮拜都不吃不喝。

不過，除此之外，我都有好好控管我的開銷，還是可以定期地跟朋友出去、參加一些派對，不會讓自己餓到肚子，也不用同一件衣服反覆穿。我會接一些案子，幫忙客製化網頁外觀，像是MySpace，從自己線上的小兼差賺一些錢。

暑假時，我會回到家中休息，身上一毛錢都沒有，生活上就卡了關。我不想回大學，因為我根本不喜歡工作，也沒有動力完成我的暑期作業。當我花了一整年念書後，當時我只能勉強自己去找一份能夠養活自己的暑期工作，讓我至少能夠回到學校時還有點錢。我身邊所有的朋友都在計畫「十分迫切」的假期，但我根本負擔不起。另外，我還要處理一個女生的問題，這段浪漫的柏拉圖關係讓我十分苦惱，生命似乎一片灰暗。

有天下午，我看見一本書，叫作《祕密》[1]。大家都說這本書會改變一個人的命運，而且適用於**所有人**身上。一切都基於一道十分簡單的法則：吸引力法則。

吸引力法則就是思想創造出現實。換句話說，只要我們一直想某件事情，就會將之吸引到自己的生命之中，這包括你**想要**以及**不想要的**事情。也就是說，你的所思會顯化在生命之中。吸引力法則強調心之所思所想必須專注在你想要的部分，而非你所害怕或厭惡的事物。

吸引力法則的重點，著墨在正向思考。

對我而言，一切聽起來都美好的不太真實，所以我埋頭研究吸引力法則擁護者的心得，以及吸引力法則所帶給他們的巨大轉變。我心想：我也可以將它應用在自己的生活上嗎？

當時的我目標很明確：我想跟朋友一起去度假。我大約需要五百英鎊才能讓我的夢想實現，因此我遵循法則的規則，試圖讓自己只往正面的方向去想。

大約一個多星期之後，我收到國稅局的通知，說我多付了一些稅金。這是吸引力

1 郎達・拜恩，《祕密》。

法則的威力嗎？我趕緊將所需的表格填好，然後立刻寄回國稅局。然後，一個星期過去了，完全沒有任何退稅金的消息。我的朋友都即將要訂房了，而我卻很不是滋味，退稅金的想法不斷在自己的腦海中徘徊。

內心的失落感不斷增長，我只好打電話到國稅局的辦公室，詢問對方是否有收到我的回函。對方確認說有收到，要我耐心等待。當下的我開心了一下，不過我快要沒時間了。暑假也接近尾聲，我朋友們也即將啟程。

又過了一個星期，國稅局那邊還是沒有消息。我本來已經要打消去度假的念頭，也告訴我朋友不需要訂我的房間。我決定轉移自己的注意力，看一些鼓舞人心的讀物，至少這不會讓我對人生完全失望。

又過了幾天，我收到一封來自國稅局的郵件，我激動地將信封打開來，裡面是一張八百英鎊的支票，讓我又驚又喜！我立刻出發去銀行存入這張支票，因為兌換期通常需要五天，但我三天後就在我的帳戶看到這筆錢了！

星期一時，我跟朋友們趕緊訂好房，幾天後就出發度假去。真是一段美妙的時光！最重要的是，我成為吸引力法則的信徒。

我下定決心要使用這個法則來改變我的人生。

♥吸引力法則失靈了？因為還少一樣東西

吸引力法則之所以靈驗，在於你需要正向思考。然而，你無法無時無刻都很正向，尤其是生命中遇上一些困難，或者發生一些不如預期的事情時，你必然無法保持樂觀的態度。

大家都認為我是很樂觀的人，但處於不順遂的洪流時，根本八字也沒有一撇，反而被怒火蒙蔽了雙眼。外在的事件有時候會讓我暴跳如雷，讓我想把眼前的東西都砸爛。因此，我會陷入載浮載沉的輪迴，在高亢及低落的兩極情緒之間來回擺盪。這時候的我如同兩個不一樣的人，這樣的矛盾也投射在我的外在，時而快樂，時而低沉。置身暗夜的我根本看不見那道曙光，只會放任自己沉淪，將我對生命的失望，發洩在被砸爛的家具上，轉化成不客氣的話語以及陣陣哀嚎與怨天尤人。

大學的最後一年，我在一個分組報告中經歷了巨大的挫敗。這報告在這科目的總分占極大的比例，但我的組別只能用四分五裂來形容：每個人不斷地爭論自己的貢獻。我試圖保持樂觀，希望最終可以安然度過，殊不知一切卻事與願違。

吸引力法則似乎失效了。我的組別根本是一盤散沙，每個人都執著在自己的角色、自己的付出，而這剛好發生在畢業的前幾個月而已。後續變得十分失控，爭論變成句句帶刺的脣槍舌戰。很不幸地，我們找不到轉圜的餘地。我跟我的朋友達倫受到不公平的對待，卻也無能為力，只能花十倍的心力繼續努力，希望可以在眾多的沉重課業之下，趕上似乎遙不可及的期限。當時，我們深信自己必定會被當，然後無法順利畢業，感覺這一切似乎都只是在做白工。

如果你想爭取一份好工作，享受我童年時無法擁有的安逸生活，你好像必須先完成大學的學位，因此上大學感覺只是一件必須完成的事情，但我內心的深處並不想這麼做，我也不怎麼享受這個過程，而且我知道我應該不會去找傳統類型的工作。上大學不過就是為了我媽，她大半輩子這麼辛苦，我想要讓她知道她的付出並非白費。

現在，我離終點線這麼接近，卻有可能到達不了。我腦海中唯一想到的是讓我媽媽失望，讓自己失望，而且我所繳交的學費都是為了拿這個我可能拿不到的學位，現在似乎都要付諸流水，一切都徒勞無功。當時，我被各種負面情緒給淹沒。

我告訴媽媽我將離開大學，根本就沒有繼續待下去的理由。我恨之入骨，也怨恨這不公不義的事情發生在我身上。這熊熊的怒火需要發洩的出口，所以我怪我媽媽，一切都是她的錯。然而，她還是非常慈愛，勸阻我繼續待下去，只要盡全力就夠了。

我聽不下去，還跟她吵得更凶。

我受夠這些永無止境的問題，想將一切拋在腦後。我沒有理由繼續活在這世界，也沒有任何人生目標。這種低能量的狀態甚至讓我回想起往日的夢魘，為這把火添加了更多燃料，讓我確信我的人生毫無價值。擁有夢想有什麼用呢？我根本就不可能實現我的夢想，不過就是活在自己編織的謊言中，自以為能夠完成一些大事。

我很清楚：大事根本就不會落在我頭上。我開始上網看徵才資訊，即便知道自己根本不符合對方的條件要求，我還是在不同產業、看似有趣且薪水不錯的徵人訊息中投出履歷。原本是想說，如果有應徵上一個，自己的人生至少還不會這麼失敗，也能夠賺一些錢，幫忙家裡減輕債務以及經濟上的負擔，包括姊姊的婚禮。我在求職信上有解釋，雖然自己不是最合格的人選，但絕對是對方的最佳人選。結果沒有一個人回覆我。

內心深處，我知道自己別無選擇，只能硬著頭皮完成已經快要走到終點的學位。我花了這麼多心思精力，為這個問題尋找另一個出路，但現在還是得回頭來正視這個問題，祈禱能夠逆轉勝。

完成學位前，我需要先參加姊姊的婚禮，這又是另一個壓力來源。我必須比同學們更早交報告，在眾多作業及考試的最後期限前請兩個月的假，這又是另一個大阻礙。當時的我很頑固，就算我知道如果在這個重要的日子缺席的話，我一定會後悔一輩子，但我還是告訴家人，我不會參加。最後，我還是去了，心不甘情不願地出現在婚禮會場。

當我抵達會場時，我頓時感到十分放鬆，心情也很平穩，我深感意外。婚禮在印度的果亞邦舉行，這裡非常的美。所有的人都帶著閃耀的愛及喜悅來祝福我姊姊以及姊夫。說實話，我根本沒有想要假裝自己很樂觀、很正向。我習慣低落的感覺，覺得自己很悲慘，也希望其他人也這麼認為。但是，這個新環境創造了轉變的契機，有種回歸的感受。這是這麼多年以來，我感受到感恩之心。

我永遠會記得姊姊的婚禮，這一切教導了我宇宙運轉的機制。

我回家後，這份正能量一直都還在。無論外在多麼混亂，一切都很安好、平穩。這份嶄新的穩定感激勵我去完成我該完成的事情。

我做了一套虛擬計分卡，顯示拿到學位的整體分數。我每天都會花幾分鐘的時間看著它，想像卡上寫的高分是真實的。雖然我並沒有把握拿這麼高分，純粹是一種渴望而已，但我**真的**相信自己應該會拿到不錯的成績，就這樣而已。

我下定決心每天都去圖書館，在那裡連續待幾個小時。還有，我更是花費無數額外的時間與心力在團體報告中，而有空檔的時候，我會去找心態比較正向的朋友，讓我對自己更有信心一點。

其中有一位，恰好就是讓我往後餘生願意愛著的女人。

到考試、交作業以及上臺做期末報告的時候，我知道自己已經盡了全力。雖然沒有達到計分卡上的分數，卻也不是低空飛過，不但可以接受，而且我還在其中一門艱澀的科目中拿到A，真是太出乎我意料之外了。

我持續使用吸引力法則，但是成不成功也是要碰碰運氣。我知道，這裡面還缺少了什麼。當我終於發現缺少的那一部分後，成功率才越來越高，而且我也請其他人試試看，才能確定我的想法是否正確。他們也都陸續地心想事成。事實上，有蠻多人還做到了原本以為不可能發生的事！

並非所有的願望都有達成，一切都是塞翁失馬，焉知非福。過去我經常抱持著錯誤的理由，誤認為自己需要某些東西。直到數年後，我的思路變得清晰了，反倒因為沒有獲得自以為非常需要的物品而鬆了一口氣。就算沒有得到，也因禍得福。

♥頻率法則——祕密背後的祕密

宇宙會回應你的頻率，而且是用你發出的能量送還給你。

除了吸引力法則之外，就是頻率法則，這可是美好人生的關鍵。當你學會這法則，好好地應用之後，生命就會開始有變動。這不代表一輩子順暢無礙，而是能找到一個自己能夠操控的方式，實際創造出你的美好人生。

拿破崙・希爾（Napoleon Hill）是自我成長文學的始祖作家之一。他於一九三七年出版的著作《思考致富》（*Think and Grow Rich*）[2]仍然是有史以來最暢銷的書籍之一，世界上有許多企業大老都對這本書的成功之道讚嘆不已。希爾為他的書所做的研究包括對五百名成功的人士進行訪談，來了解他們成功背後的原因，最後在書中分享他從這些人身上所學到的智慧。他所提出的眾多結論中有提到：「我們每一天都受到環境周圍的刺激，並且吸收及記錄每個意念的頻率。因此，我是我思。」希爾無數次在這本書上提到「頻率」這個概念，而你也會在我這本書上一直看到它（或者縮寫為 vibe）。

然而，希爾後刷的版本將「頻率」這個字全刪除掉，或許是當時的出版社認為這世界還無法接受這樣的概念。由於缺乏科學證據，「頻率」相關的形而上學定律都備受批評。不過，還是有其他人試圖解釋頻率法則，像是科學家布魯斯・立普頓（Bruce Lipton），還有作家桂格・布萊登（Gregg Braden），都是在彌合科學與靈性[3]之間差距的先驅人士。就算許多人認為這是偽科學，他們對於意念影響自己人生的想法，與頻率法則確實是不謀而合。

無論如何，頻率法則與我剛好有強烈的共鳴，賦予我生命的意義，而絕對不是只有我這麼認為。我見證過許多頻率法則的奇蹟，且無論你是否將成為法則的信徒，還是抱持著不同的立場，至少這法則絕不會對你造成任何傷害。有時候，第一手資訊會比任何可量化的圖表或數字更有價值。

2 拿破崙・希爾，《思考致富（1937 年經典完整版）》。拿破崙・希爾基金會，2012。

3 布魯斯・立普頓，《信念的力量：基因以外的生命奧祕》。賀氏書屋，2015。Brucelipton.com；greggbraden.com。〈振動與水的神聖知識〉，布萊登在 YouTube 頻道《Periyad VidWorks》的影片，2012 年 8 月。

所以，頻率法則到底是什麼？

首先，請記住，所有事物都是由原子所組成，而每個原子都是一點點的頻率振動。因此，所有物質和能量在本質上都是頻率振動。

你還記得以前在學校的時候，老師教你固體、液體和氣體都是物質的不同狀態。水分子的振動頻率定義了它們所處的狀態，還有它們對外的顯示方式。

我們眼中的外在正巧就是頻率振動的重疊。換句話說，我們必須有共鳴才能夠看見眼前的現實面。比方說，人耳只能聽見每秒 20 到 2 萬次振動之間的聲波，但是這代表沒有其他聲波的存在，我們只是剛好聽不到而已。我們聽不見召喚狗的哨子音，因為那個頻率高於人耳所能接收的頻率範圍。

靈性作家肯尼思・詹姆斯・麥克・邁克林（Kenneth James Michael MacLean）在他的著作《振動宇宙》（*The Vibrational Universe*）[4]有提到，人的五感、思維及任何物質和能量，全都是頻率振動。他認為，外在的現實世界是頻率振動的顯化，整個宇宙都是一片振動頻率的汪洋大海，也就是說，現實面是一種頻率振動的乙太（ether），會隨著頻率振動產生變化。

如果宇宙會回應我們的思想、言語、感受以及行為舉止，就如邁克林所言，一切皆為頻率振動，那麼頻率法則就是假設我們可以控制我們的現實。

改變自己所思、所感、所言、所行，你將能夠改變你的世界。

若想讓意念如實地顯化出來，或讓你能夠感知到，你必須與其頻率共振。只要你越相信某個意念是真實、具體的，你與它兩者的振動就會越來越靠近。這也是為什麼如果你用已經成真的態度去想、去做，成功顯化在物質生活上的機率就會越高。

想要接受或感知你渴望的生活，你的能量必須與這份渴望處於和諧的同頻狀態。這意味著我們的思維、情緒、言語以及行為，必須與渴望保持一致性。

從兩個校準到同頻狀態的音叉就可以看見，如果你敲擊其中一支讓它開始振動，就算沒有碰到另一支音叉，它也會隨之共振。因為兩者處在同一個頻率上面，被敲擊的第一支音叉就可以振動到第二支：這就是所謂的頻率和諧狀態（vibrational harmony）。反之，如果兩者並非處於頻率和諧狀態，第一支音叉是不能與另一支共振的。

4 K．J．M．邁克林，《振動宇宙》。The Big Picture 出版社，2005。

同樣地，如果你想聽某個廣播電臺，你必須先將收音機的頻率調到電臺所屬的頻率上，唯有如此你才能夠收聽電臺的節目。如果頻率錯誤的話，你可能會接收到另一個電臺。

一旦處於同頻狀態時，你必然會將此吸引到自己生活當中。辨識自己頻率狀態的最佳方式就是覺察自己的情緒感受，這會反映出自己的能量狀態。有時候我們會認為自己很正向、做很多對的事情，但是內心深處卻截然相反，我們只是假裝在這個狀態而已。觀照自己的情緒，能夠看見頻率的真實本質，進而吸引同頻的事物到自己的生活當中。美好的感受與思想會讓我們願意採取正向的行動。

♥讓我們一起投入「好頻率運動」！

所謂的好頻率，就是高頻的振動狀態。

無論是**美好**還是**正向**，都是可互換的詞彙，用來描述一件自己嚮往的事物或方向。例如，每當你把一件過往的經驗貼上美好或正向的標籤時，代表一切如你所願地發生了，或至少沒有想像的那麼糟糕。

事實上，你之所以希望這樣發生是因為這會讓你的感受良好。所有人生的願望都是在追求一個令人愉悅的感知狀態，並且避免任何不悅。大多數的人都認為，願望的實現就會帶來喜樂。

有鑑於情緒是可受控的最強大振動之一，從根本上而言，我們一直都在追求正向的情緒，因此我們可以推斷，人生就是在追求體驗良好的頻率振動。你想想看：當你感覺良好時，生活似乎也跟著變得很美好。如果能夠持續不斷地體驗到良好的氛圍，那麼你將會以正向的視角看待自己的生活。

漢斯・珍妮醫師（Hans Jenny）以創造出「粒子振動現象」（cymatics）一詞而聞名，這是針對圖像化的聲音以及振動的研究。她最著名的實驗之一是將沙粒撒在一塊平坦的金屬板上，然後用小提琴的弓輕撫著邊緣，以不同頻率振動。不同的頻率振動就會產生各式各樣的圖像，高頻率會形成精美複雜的圖案，而低頻率則是會產生不太吸引人的形狀。也就是說，高頻率會產生令人愉悅的效果。

其實，人生最理想的狀態莫過於處於充滿愛、喜悅的體驗中。這都是最高頻的感受，也能加速自己顯化的能力，更是能延伸出更多的美好共振。相反地，憎恨、憤怒絕對是低頻的感受，會吸引到不想要的事物來到身邊。

根據頻率法則，要獲得好頻率，我們必須先投射出好頻率。這就像頻率振動的發射器以及接收器，我們所投射出的頻率會一直拉與我們有共振的事物回來。這也就是說，我們投入宇宙的感受將會透過共振回到我們身上，因此喜悅的感受將會帶給你更多值得喜樂的事物。最常見的誤解就是我們要先得到，才能體驗到美好的感受，但事實是你可以**現在**就擁有美好的感受。

最終，自愛與頻率的提升息息相關。每當你試圖提升自己的頻率振動時，你就是在告訴自己，你值得擁有愛與呵護。這樣一來，你不但能有美好的感受，也能吸引到更多的美好。只要你願意採取正向的行為舉止，改變自己的意念，極致的卓越必然會顯化在自己身上。愛自己，才能活出你愛的人生。

透過人生經驗，

我們所投射出的感覺會以相同的方式回到自己身上。

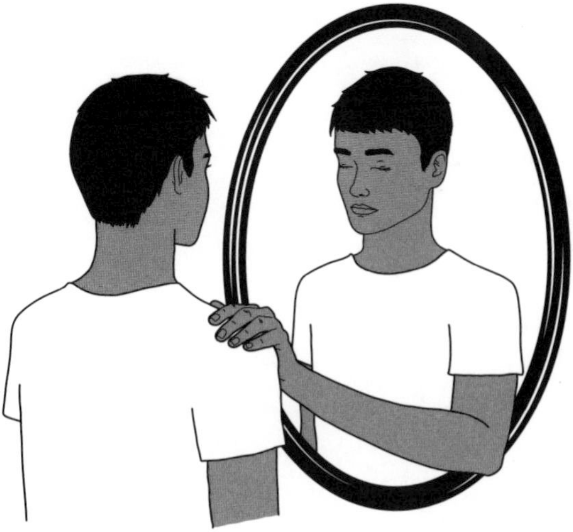

培養十大好習慣，與負能量斷捨離

前言——活出正能量不是用說的，是靠養成的

高頻率振動會帶給你美好的感受，也代表自己更有能力讓美好顯化在生活當中。

你的目標是藉由高頻的振動來感知美好，而生活中有許多習慣能夠幫助你做到，並且讓你更靠近愛與喜悅的狀態。

你能夠藉由各種提升頻率振動的活動來改變情緒，有些效果會比較持久，有另一些則是當下的火花。

例如，當你因為跟某一位朋友絕交後而感到沮喪，你可能會藉由與另一群朋友做一些有趣的事情，來改變自己的情緒狀態。其他提升頻率的方式還包括與你愛的人多點肢體上的接觸、大笑一場、聽一首振奮人心的音樂、為別人做一件好事、好好地睡一覺、盡情地擺動身體，或者任何讓你覺得很享受的事情。不過，你終究會需要獨自面對這份痛苦，以意念層面而言沒有任何變化。你只是暫時避開這個問題。

另外，靜心冥想的練習能夠隨著時間澈底改變大腦的運作模式。不只冥想，還有覺察自己低頻情緒的狀態，都有助於將情緒能量轉化成高頻的振動。靜心更是能夠幫助你從更正向的角度去看絕交這件事（我們之後會再花時間來討論靜心冥想）。

既然一切萬物皆是能量，我們也可以說我們接觸到的任何事物都會影響到自己的頻率。不過，採取新的行為舉止，改變自己的意念往正向發展，這些都是自愛的表現，讓自己變得更好、更快樂的人。

有些行為可能一開始只能帶來短暫的快樂，但當你持之以恆將這個行為變成一種習慣時，你將能夠達到持久的效果。

♥習慣一：讓身邊充滿正能量的人

讓身邊充滿比你高頻的人，比你感覺美好的人。能量是有渲染力的。

當你感覺不太好的時候，去找一些狀態不錯的人。他們的頻率振動比你高，你就有機會吸取這些人的能量。就像是萊茵衣藻（Chlamydomonas reinhardtii）一樣，研究人員指出這種藻類會吸取其他植物的能量[5]，我認為人類也應該有相同的潛力，做出類似的事情。

你有沒有曾遇過第一次碰面的人帶給你奇特的感受，其實你也說不太上來，但是那感受沒有很好，而且後來你也發現你的直覺是沒有錯的。能量不會說謊。

有些人可能會給你剛好相反的感受，他們正能量滿滿，還能感染到身邊所有的人。很多時候，就是因為有這些人，我才能從我的情緒中跳脫出來。

正能量的人往往可以幫我們用不同的視角看待同樣的問題，由於這些人處於正向的狀態，他們的見解都會比較樂觀，因為他們找出有利的局面，幫助我們將注意力轉移到振奮人心的事物上。

因此，請好好地與正能量的人經營一段有意義又能夠長久的關係。當你花越多時間在能為你生命加分、提升自己情緒的人身上，你也將能夠開始運用鼓舞人心的思維模式，投射相同的能量在他們身上。

根據頻率法則，我們所吸引過來的人都與我們有相同頻率的振動。因此，如果我們開始定期因他人而體驗到更多的正能量，我們必定會吸引更多同樣能量的人，進而強化這股美好的能量。

5 布萊發尼斯—克拉森、多貝、格林、克爾斯汀、克拉森、克魯斯及窩貝，〈單細胞光養真核生物萊茵衣藻對纖維素的降解及同化〉。《自然—通訊》，2012年11月。

習慣二：改變你的肢體語言

處於不順遂之流時，你很難勉強自己一直在臉上掛著微笑。根據西蒙妮・施耐爾（Simone Schnall）和大衛・萊爾德（David Laird）於二〇〇三年的研究指出，假裝微笑能夠欺騙自己的大腦，讓它誤以為你正在一個開心的狀態，進而釋放讓你感受幸福感的內啡肽[6]。

一開始這麼做可能會有些古怪，既然假笑讓你這麼不自在，何不找一個能讓自己微笑的理由呢？或許你可以因為你的微笑能夠帶給他人一點喜悅的感受而微笑，這些人可能也會用微笑來回報你，讓你更有繼續微笑的理由。

事實上，我們整個身體與生理構造可以影響自身的思維及情感，只要一轉念，就可以讓內在的狀態有所變化。我們所傳遞給他人的訊息，有一大部分都是透過非言語的方式，像是臉部表情、手勢，甚至我們如何保持自己的姿態，這數量可能還會讓你大吃一驚！因此，我們必須開始注意這些透過肢體語言所傳遞出去的訊息。

如果我要求你表演一位憂鬱的人，這對你可能是輕而易舉的一件事情：你會低下頭來，十分冷漠。我再要求你表演一位生氣的人，這應該也不難。

現在，我要求你表演一位很開心，對自己的生活也很滿足的人。這個人的臉部表情會是如何？站姿呢？有沒有特別移動的方式？雙手會放在哪？會不會有什麼樣的手勢？聲音的腔調呢？這個人的語速是快，還是慢呢？

如果你能夠表演出一位活在美好人生中的人，你的內在狀態也會隨之改變，進而提高自己的頻率振動。

你或許會認為，這種提高頻率振動的方式有些病態，然而「弄假直到成真」這個概念屢試屢驗。例如，穆罕默德・阿里（Muhammad Ali）曾有句著名的話：「要成為一名偉大的冠軍，你必須相信自己是最好的。」你看阿里與索尼・里斯頓（Sonny Liston）的經典一戰，阿里在上擂臺前完全不被看好，但他一副就是要擊倒里斯頓的樣子，不斷地對著粉絲們吹噓自己、吹牛壯大，而他最後也真的做到了。

知名社會心理學家艾美・柯蒂（Amy Cuddy）因其肢體語言研究聞名，這份研究指出肢體語言不僅影響他人如何看待我們，也影響我們如何看待自己。由柯蒂共同執

6 萊爾德及施耐爾，〈保持微笑：面部表情和姿勢對情緒體驗和記憶的持久影響〉。麻薩諸塞州克拉克大學，2003年。

筆的另一份報告指出，每天花兩分鐘做與力量相關的三個姿勢中的一個，就可以使「信心激素」睪固酮增加 20%，「壓力激素」皮質醇減少 25%[7]。這份報告也提到，所謂的「力量姿勢」是一種快速且輕鬆的方法，能夠使自己變得更有力量。

有些人以為自己如果擁有某個物件或才能，就能得到眾人的注目，讓自己自我感覺良好，這只是一種迷思而已。然而，如果你用一種簡單的特定方式來增強自己的自信，知道自己的方向無誤，它就會成為一種有用的技巧。這種想像出來的自信會逐漸成真，只要你慢慢地讓自己的振動與其共振，成果就會越真實。

♥習慣三：撥出點時間給自己

千萬不要小看放鬆的時間。有時候，我們會被困在自己的生活當中，讓自己喘不過氣來，整個人都非常緊繃。

最簡單的方法就是放過自己，撥點時間讓自己遠離壓力源吧！獨處並不可怕，而且我有注意到，有些人會社交疲累。如果你是內向者的話，這對你來說並不陌生。你會感覺所有人都奪走一部分的自己，疲累感沉重到難以擺脫。

假設你剛好與伴侶、朋友或家人同住，這聽起來似乎有點殘酷。並不是你不喜歡他們，或者對他們感到厭煩，你只是需要一點自己的空間——可以讓自己好好呼吸然後充電的時間。你就是需要獨處，而這也沒什麼錯，完全可以被接受，你也不會因此而變得不討人喜歡。

媒體及社群網站有時也會過於刺激，所以你也很常需要斷捨離一下。

7 卡尼、柯蒂及野普，〈力量姿勢：神經內分泌水平和風險承受能力，如何受到短暫非語言外顯行為的影響〉。《心理學》，2010 年。

你怎麼知道自己需要休息了呢？

好，我這邊舉個例子。假如有個人試圖做些事情讓你開心，而你卻覺得對方過於用力或者壓縮了自己所處的空間，這就是你社交疲累的警訊。對，你可能也會不好受，因為你知道對方並非惡意，不過你就是希望他可以停止一下。

墨西哥西文有個字「engentado」恰好就是在形容這個感受：希望能夠在相處一段時間後拉開彼此的距離。

儘管情緒不該顯露出來，讓自己變得無禮，但你也不該因為渴望一個人獨處而感到羞愧。事實上，這麼做對你有益，對他人也是如此。當你花過長的時間社交而無法自我充電時，你也很有可能會降低其他人的頻率振動。

走進大自然也是一個很強大的充電方式。在現今的時代，你一輩子的生活中絕對充斥著各式各樣的科技。然而，悠遊於大自然能夠讓你從疲憊感中恢復，讓整個人「回春」。有個於一九九一年發表的研究報告指出，大自然的環境有治癒的效用，讓心情恢復到正向的狀態，對身心十分有益處[8]。

這其實不需要過度複雜：單純地在外頭溜達一下，去花園從事一下園藝，坐在一棵大樹下面，或是遙望遠在天邊的星星。如果是站在大太陽底下，也可以趁機享受日光浴，從光線中吸取一些維他命 D 和血清素，也就是「幸福」賀爾蒙，一種天然的情緒穩定劑。

8 費歐莉朵、羅施多、米勒、賽蒙斯、烏利曲及瑟爾松，〈暴露於自然和城市環境期間的壓力恢復能力〉。《環境心理學期刊》，第 11 卷，第 3 期，1991 年 9 月。

有時候，

你必須斷絕自己與世界的連結，

這樣才能重新開始。

習慣四：找尋鼓舞你的靈感

靈感是驅動我的力量，也是讓我保持在正向狀態的因素。當今有琳琅滿目的方式能夠激發自己的靈感，像是自助書、報章雜誌、還有振奮人心的小說，像是保羅・科爾賀的《牧羊少年奇幻之旅》，甚至還有數位化的來源，像是播客節目。更不要低估勵志電影的魔力，我個人特別喜歡由威爾・史密斯主演的《當幸福來敲門》（*The Pursuit of Happyness*），非常鼓舞人心。

我也記得，曾經有段時間我過得十分茫然，當時的我剛為了創業而離開一份工作。我的事業是販售印有鼓舞話語的短T，我將自己的積蓄都投入進去，但成果令人沮喪，沒有如預期的大受歡迎。我原本以為幾天之內就會賣光，因為我將所有商業教科書看過一遍，花了大把的時間在研究時尚部落格，覺得自己已經有足夠的知識打造一個成功的事業，還能為時尚界帶來一股創新的清流。然而，事實並非如此。

我開始對自己以及自己的能力失去信心，也開始懷疑是否在正確的人生軌道，而且我媽看到我如此落魄，也建議我直接找下一份工作，畢竟我不只要養活自己，還有整個家也需要我的收入。當時，我身後的壓力真的很龐大！

當你開始對自己的能力有所懷疑時，你就會墜入鬱鬱寡歡的深淵。這就是所謂的低頻振動狀態，它會開始侵蝕你的人生。

我知道我必須有所作為，因此我開始聽個人成長主題的有聲讀物，翻出更多自助書及線上影片來看，大量閱覽文章、引言及部落格。我甚至主動與社群媒體上認識的企業家朋友攀談。

這些人也是經歷過一番風雨才走到今天的，無論命運出了什麼樣的難題，他們也都一一地克服了。他們的經歷啟發了我，重新滋養我的信念。他們的故事讓我明白這次的失敗並非人生的盡頭，任何偉大的事物背後都曾遇過重大的挑戰，都曾嘗到失敗的滋味。然而，當你放棄的時候，這才是**真正的失敗**。

我必須承認，短T的事業確實付諸流水，卻也激發出一些改變的火花，對我受益良多。當你受到一些啟發的時候，你會找出新的驅動力，知道接下來該往哪個方向走以及生命中其他的可能性。

♥習慣五：遠離八卦及戲劇性的麻煩

戲劇純屬於電視娛樂，而非現實生活。不用隨著他人起舞，因為這些人都以為自己才是主角。

在某個時間點，我們都會不自覺地開始八卦他人的人生，有時候不會意識到自己的行為舉止就是在嚼舌根，更糟糕的是我們還樂在其中。他們並不覺得自己正在任意批評，還視之為無害，只是單純地熱衷於搬弄是非，然後散播出去。這當然也會回到自己身上，因為這種行為會大幅地降低自己的頻率振動。

事實上，搬弄口舌只會損害自我，我們之所以這麼做只是想試圖讓自己自我感覺良好，感覺比他人更優越，而這些話語都帶有批判意味。批判源自於一種內心的憎恨，也就是一種低頻能量狀態，會繼續吸引更多不愉快的體驗來到你的生命之中。

我們先前有提到過，任何想法及話語都擁有強大的頻率振動。當我們用負面的態度討論他人時，就是在向宇宙發射出負面的能量。因此，這會降低自身的頻率，吸引更有毒性的事件來到我們身上，產生更多不好的情緒。印度古代的醫療系統阿育吠陀（Ayurveda）指出，八卦的行為會影響能量中心，即脈輪（chakras）。這會活生生地限制我們揚升到更高的頻率狀態。

有些新聞媒體從他人的八卦中獲利，而真的有人會買單。久而久之，大家都認為八卦是在這社會上可接受的行為，但沒有人真的喜歡**自己**成為被八卦的對象。因此，你可以讓自己遠離討論是非的對話，或者試著將話題導向更正向的事物上。你會發現，這些愛講八卦的人往往就是最愛抱怨或者活在哀怨之中的人。假設你也染上同樣的習慣，你也會逐漸對自己的人生失望。

同樣地，讓自己捲入不必要的紛爭會增加你的壓力和焦慮感，也會將你打入低頻的狀態。你現在都已經知道，這絕對會反映在自己的生活上，那為什麼還要把喜樂推開呢？

我現在已經學會不計代價地遠離任何紛擾，因為我從中絕對得不到任何好處。我曾經遇過一位很戲劇化的人，一直試圖與我爭辯我所提出來的一件事情，而最諷刺的是，我原本是說，當我們爭吵時應該離開當下的狀態，不然會破壞我們之間的和諧，他卻不這麼認為。因此，我很有禮貌地告訴他，我尊重我們之間的差異，然後繼續提出其他話題時，他開始憤怒了。如果他是對我的想法有興趣，我也會很樂意地與他繼續討論，分享我的看法，也聽取他的想法來做交流。但是，他純粹只是想爭到贏，證明我是錯的，要把我打趴在地上。

他不願意聽我說話，反而一直滔滔不絕地發表自己的意見。看得出來，他並非是想要學習，而是指導他人怎麼做。對他而言，我只是在散播錯誤的訊息，讓其他人用這方法在這悲慘的世界苦苦掙扎。這怒火甚至演變成針對我的個人攻擊，只因為我看似置身事外，不願意加入這場戰爭。我默默不語，持續觀望，直到我能抽身離開。

這個人看起來不像是在關心他人的福祉，也沒有想努力避免人們陷入任何不好的遭遇。他實際所表現出來的行為舉止根本與他的論點背道而馳，只是想證明自己是對的，而他所說的是唯一可行的方式。我的看法撕裂了他所信仰的真理，認為所有人應該反擊。如果這真理不成立，他整個身分認同就會受到威脅。

這就是小我。你的小我是由思維所創造出來的自我形象，是你的社交面具，必須不斷地受到測試，帶著失去自我認同的恐懼過著每一天。如果有人不喜歡你，而你也因為這樣而生氣，這代表你的小我正在起作用：你的存在意義必須倚靠他人的認可。如果他們不認可，你會對真正的自己有所懷疑。

小我永遠在追求自我的意義及被愛。他需要即時地被滿足，需要感覺自己比其他人強大。

這也是為什麼我們會去買一些自己根本不需要的物品，為的就是讓別人留下深刻的印象，但這個「別人」事實上一點也不在乎。這也是為什麼我們會對他人的成功而眼紅，會想盡辦法讓自己超越別人，而這也是貪婪的根源。小我會限制我們用愛與理解去看待這世界。

不幸的是，大多數的人在一生當中都用小我所創造出來的人設在過著每一天，所以我們必須小心翼翼地保護及維持這個形象。如果其他人不認同我們所創造出來的身分，或者我們的身分受到威脅時，小我就會帶著恐懼跳出來保護他，就像我剛剛所提出來的例子。我的信仰逼迫這個人去懷疑自己的信仰，也進而懷疑自己的身分，帶給他極度的威脅感，於是出動自我防禦機制以及做出反擊的動作。

小我無所不在，他們並不會因為好奇而問什麼、說什麼，反而都是要證明其他人的錯而開口。他們並沒有很在乎其他人，只是需要這些人臣服於自己的真理就好，因為他們不希望自己是錯的那方，或者不確定自己究竟是誰。事實上，這世界確實有許多這種愛惹是生非的人繼續在有毒的環境中成長茁壯。

我會提醒自己帶著敞開的心去聽取不同的聲音，但是我也學會不要把時間浪費在根本不願意聽我所說的話，或者不在意我為何這麼說的人。你必須確保自己不被捲入屬於他人內心鬥爭的戰場。

討論彼此的問題，分享心得想法，這一切都沒什麼問題，只要出發點不是去貶低他人來得到自我優越感。這是一種自我的假象，會間接降低自己的頻率。有太多更好的事情可以做，不需要讓自己陷入八卦或者是非的暴風圈中。好好地專注在自己的生活，做些正向的改變。時間很珍貴，你必須明智地投資在對的地方，做些有建設性的事情，讓自己的人生更美好。

♥習慣六：注重營養與水分

你所攝取的，也在攝取你；而在攝取你的，會掌控你的人生。

你所吃下的食物、喝下的飲品都十分重要，因為這也會影響到你的頻率振動還有你的外在世界。你想想：如果你吃下的東西都是劣質的，你怎麼可能會感覺美好呢？

所有任何讓我們感到嗜睡或提不起勁的食物都是屬於低頻食材，所以當我們吃下肚的時候，也會改變自身的頻率。這樣的食物大多是垃圾食物，最不幸的是，它們的口味都經過精心調製，變成「美味可口」。因此，很多人都會攝取過量，這樣做的後果不只會影響到我們的心情，更是會反映在體重機上面，或者讓我們更容易生病。

一九四九年，法國電磁學專家安德烈・西蒙頓（André Simoneton）發表了他針對特殊食品的電磁波學研究。他注意到，食物並非只是用數字衡量的熱量（化學能量），食物本身更是擁有充滿頻率振動的電磁波[9]。

西蒙頓發現，人類必須保持在六千五百埃的振動，才會是處於健康的狀態（埃是測量一億分之一公分的單位，用來表示電磁波的長短）。

他根據 0 到 1 萬埃的波長，將食物分為四大種類。

第一類別為高頻率食品，包含新鮮蔬果、全穀類、橄欖、杏仁、榛果、葵花籽、大豆和椰子。

第二類別為較低頻率的食品，例如煮熟的蔬菜、牛奶、牛油、雞蛋、蜂蜜、煮熟的魚、花生油、甘蔗和葡萄酒。

第三類別為頻率非常弱的食品，其中包括熟肉、香腸、咖啡、茶、巧克力、果醬、加工乳酪和白麵包。

最後，第四類別的食品幾乎沒有任何頻率振動，包括人造黃油、蜜餞、烈酒、精製白糖和漂白過的麵粉。

西蒙頓的研究讓我能夠窺探食物的奧妙，知道哪些能夠提升頻率，哪些攝取量則該少一點。

另外，一般而言，比起非有機的食品，在自然環境及條件下生長的優質有機農產品絕對能夠讓你感到更有活力，即便有機食品的價格比較貴一點，但是食用不健康的食物，削弱自身健康，這才是得不償失。

9 西蒙頓，《食品、人類振波能量和健康的輻射》。書郵出版社，1971 年。

我們也必須注重飲用水的重要性。基本上，人體有大約百分之六、七十是水分，因此水也是維持身體機能的重要元素：它不但能保持體內的水分，更是能沖掉非必要的毒素，讓你維持在高頻狀態。如果你體內的水平衡低於所需的量，身體就會產生不良反應，可能無法集中注意力、感到頭暈甚至失去知覺。

西蒙頓的研究指出，烈酒非常低頻，過量飲用酒精可能非常有害，也可能造成肝臟的傷害而導致死亡。過量的酒精也會產生錯誤的認知假象，讓你做出平常不太可能發生的行為，甚至是殘害自己生命的選擇。酒精確實可以帶給你短暫愉悅的享受，因此必須要適當地飲用才好。

讓濾過的新鮮好水，成為你補充水分的主要來源吧。

♥習慣七：抱持感恩之心

抱怨學校種種不是之前，你要記得有些人甚至無法接受教育。

抱怨自己肥胖之前，記得有些人只能挨餓過活。

抱怨自己工作之前，記得有些人連一毛錢都沒有。

抱怨做家事之前，記得有些人必須留宿街頭。

抱怨洗碗之前，記得有些人甚至沒有自來水可用。

用智慧型手機在社群媒體上抱怨任何事情之前，

請花一點時間來感恩自己是個多麼有福份的人。

感恩不只是一個容易培養的習慣，也是最強大的力量。當你認知到每一天都是充滿著祝福時，你會轉變自己的思維，在周圍看見更多美好的事物。很快地，你將會無意識地體察萬物的光明面，感受到生命的美好。

感恩絕不可能讓你有**不好的**感受。即便表現感恩並不費任何力氣，還是有很多人對此心餘力絀，畢竟專注於負擔比專注在禮物上更容易，也就是看見自身不足而非自己所擁有的。

我曾經認真研究在這地球上幾位最成功的人士，這句話深深地烙印在我心中：「偉大始於感恩。」當時的我沒想太多，但當年紀逐漸增長時，我開始能夠體會這句話的意義，不懂感恩之人無法體驗到喜樂，因為感恩的心是感受喜樂最主要的元素。

另外，懷抱著感恩的心不只能夠提升自己的頻率振動，吸引美好的事物到自己身上，更能夠轉換我們看待事物的視角。我們每天都不斷地與他人做比較，殊不知**自己**也有其他人所渴望的特質。我們只會看向比我們更幸運的人士，卻撇頭忽視比自己更不幸的族群。你想想看，有些人每天一睜開眼就必須面對戰爭的摧殘，而我們卻處於安全無恙的環境，只有從新聞中才會看見戰爭的面貌。

我們也容易在毫無覺知下說出「謝謝」兩個字。然而，關鍵在於你是否能夠**感受**到對其他事物的感恩。我以我輔導的客戶威爾的例子來說明真正感恩的境界。

他來到我面前，哭訴了一大串他所遇到的問題後，我問他有沒有對任何事物感受到感恩，他的答覆是一個都沒有！

我知道，他的汽車對他意義重大，所以我又問他：「那你的車呢？」

他回答：「喔！我想，我是蠻感謝我的車子。」這是一個不錯的開端，卻不足以改變我們對話的狀態。

接著，我請威爾假設自己沒有這輛車，會是怎麼樣的狀態。他坐在那，停頓了一會兒，陷入了一陣思考。然後，他開始給了一連串的回應：「我無法去工作、買菜、去拜訪朋友們。我甚至無法去學校接送小孩。」

當他一一提出這些無法做到的事情，在自己腦海中想像出這些不便時，他的狀態開始產生了一些變化。我又進一步地問他：「如果無法接送小孩，會是一個什麼樣的狀況呢？」

他回答：「如果是這樣的話，他們必須用走的或者搭公車。」

我緊接著問：「讓他們走路上下學會是一個什麼樣的狀態呢？」

忽然間，威爾想到小孩在寒冷的天氣中走動，這的確不是很安全。他現在很明顯地面露不安。

幾分鐘後，他回想自己小時候在公車上被霸凌的片段，真是晴天霹靂的一擊，他大大地嘆了一口氣。我觀望著他的臉，當他想到自己那輛車時頓時放鬆了。最後，他終於意識到這輛車不只是一個交通工具，而是能夠幫助他保護自己所愛的人們。他的肢體語言也透露出，這樣的想法已經全然地轉化他的狀態。

當我們在做感恩的練習時，你可以想想看，如果你現在少了一個必需品時，你的生活會是多麼不一樣。這會產生很強烈的感受與情緒，帶領著你進入抱持感恩的強大境界。

記得，在你的世界裡確實會遇到一些不順遂的事物，但你也要記得轉頭看向自己的順遂之處。

越是能看見祝福，就會有更多祝福出現。

我再跟你說個小故事。當我還是上班族時，有位讓我看不順眼的主管，導致我們倆無法好好共事。然而，由於他位階比我高，所以總是占上風。

幾個月下來，他的一舉一動都會牽動我的情緒，還有我的任何反應。內心滿滿的怨恨，讓我不斷地說他閒話，更是讓我痛恨上班，滿載的負能量不斷地傳遞到宇宙中。結果，這樣的狀況每況愈下，變得十分**糟糕**！

我原本想與他保持距離，但很不巧地他就坐在我隔壁，我根本閃不了。就算我盡量不起衝突，他還是能點燃我的怒火。當時的我很勇於為自己的感受發聲，即便是酸言酸語都能輕易脫口而出，像是我從不避諱說他根本沒有任何領導能力，這當然對我們的關係沒有任何幫助。

後來，我看了幾部心靈導師伊絲特•希克斯（Esther Hicks）的線上影片，我意識到自己將能量用在錯誤的地方。我很清楚地看見問題的所在，並且不斷地餵養它，而非找出一個解決之道。一旦我選擇這麼做之後，事情就開始好轉了。

我帶著覺知感謝自己擁有一份酬勞不錯的工作，畢竟找份工作並不是這麼容易，更何況是份薪水優渥的工作，足以讓我享有安逸的生活。我習慣性地提醒自己，有意識地珍惜它，確保自己處於感恩的狀態。

幾個月後，我的主管得到晉升的機會，並且被調到另一個單位。我自己也被加了薪，在工作上得到更大幅度的自由。這段時間成了我這份工作最快樂的時光，只因為我選擇讓自己感覺良好，我才能夠繼續感覺更良好！

我們有太多人會把能量投注在恐懼當中，但我們選擇轉向感恩並非否認問題的存在，而是試著將自己的能量專注在問題的解決方案上。宇宙之中處處都是豐盛，恐懼只是限制的假象。

♥習慣八：轉化自己的情緒

忽略負面的情緒只是把未爆彈埋在你的內在系統之中。你必須試圖理解自己所感受到的每一份情緒，目的並非是將正面思考加諸在自己腦海之中，而是將負面能量轉化為更健康的狀態，你才能安頓自己。

我們主要的想法會大幅地影響自己的情緒，更是會主導我們的感受。很多人在試圖想要正面思考時，會忽略掉轉化的過程。我們以為只是單純地抹去所有負面思考，然後一腳躍入正面思考的習慣。這往往成效不彰，因為你只是在自己明明不好的狀態時，欺騙自己的頭腦一切都沒事。壓抑下去的情緒會在你的內在系統中變成一種有毒的物質，終究會造成一些傷害。

當有毒的思維已經根植在自己的腦海，而且在未來的某一天你又再次經歷類似的事件時，這種思維就會浮現。這不只會降低自己的頻率，循環的模式也會危害到心理健康，進而影響到生理健康。你可能也會成為朋友圈的毒藥，讓你感到孤單寂寞，更是增加自己的痛苦。

所以，不要壓抑自己負面的情緒，而是要轉化情緒，成為提升頻率的助力。這不單指現下的狀況，而是往後每一次遇到類似狀況的時候。當你能夠掌握自己的情緒時，你就能夠一次又一次地從低頻的狀態中拉高頻率，這也是為什麼自我覺察對於個人成長來說是如此重要。

舉例來說，我的客戶莎拉原本遇到了一位彼此都互有好感的對象，幾天下來都會一直互相傳送訊息講電話，但是後來他卻完全沒消沒息。她不斷地察看手機，希望他能夠回她的訊息，但還是一樣靜悄悄地。結果，莎拉的腦海中被某些想法完全占據：「沒有人會對我有意思，也不願意花時間在我身上，因為我很醜。」這樣的想法使她更難受。

莎拉需要一步一步地將負面的想法轉為正向思考，所以我提供了幾個步驟來達到這樣的轉變。

如何轉化負面思考

1. **辨別：**首先，你必須辨別自己當下的情緒，才能改變自己的狀態。拿莎拉的例子來說，她很難過，也很害怕。當我們更深入她的情緒後，我們發現莎拉感到被忽視，也沒有什麼安全感。

2. **挑戰**：接下來你必須問問自己：為什麼會有這樣的感受呢？內心究竟是有什麼樣的想法？

莎拉之所以會難過是因為她得不到回覆，會有這樣的想法是因為她認為自己太醜，導致沒有人會對她有意思，或者願意花心思在她身上。這讓她感到很寂寞，也沒有安全感。

在這階段的時候，你必須開始有意識地觀察自己的想法。內在的信念往往是建立在一些被誇大的想法、錯誤的認知或者他人加諸在自己身上的念頭。因此，我們能夠以合乎邏輯的方式，挑戰這樣的錯覺及批判，分析自己的思緒過程，再來將負面想法轉化為正向思考。

你必須開始挑戰思維模式背後的想法，質疑每一條的真實度。例如，莎拉問了自己：你因為太醜而沒人願意花時間在你身上，這是真的嗎？當她仔細思考後，莎拉了解自己為何會有這樣的想法。在此階段，你可以繼續用深入的問題往內心底層來探索，也可以問極端的問題，進而引導出極端的答案。在我們的例子中，莎拉繼續詢問自己：這是否也代表自己不可能會快樂？

莎拉思索了一下，看見自己誇大了這些問題，難道自己會因為得不到一位男士的回覆而一輩子不快樂？她忽然意識到自己的快樂並非取決於與他人的互動。為自己一一攤開這些問題，能夠揭露思考線路的限制，就像莎拉這樣。你會發現，你為自己設下虛假的假設，而且只專注在生命中某些的不順遂而已。

你可以試試看，回想某段讓你不開心的過往，用直截了當的方式問自己問題，往內心的深處探索。你必須要意識到，我們會在潛意識當中，用負面的結論來包覆過往的經驗，進而創造出我們的悲傷。這時，我們必須挑戰這些實際上為學習教材的負面結論，如果不這麼做的話，這些負面的經驗只會在潛意識當中重複地播放，直到它們巨大無比，不斷導致自己陷入憂鬱的狀態。

3. **理解：**這個步驟需要你去珍惜每個情緒背後的深層意義。在我們的例子中，莎拉發現自己有份來自於過往經驗的不安全感，她擔心自己不夠好。然而，當他們彼此還有往來的時候，她對自己比較有自信一點。顯然地，她非常需要社會的接受和認可。

你必須辨別出情緒背後的深層意義，才能轉化為自我成長的機會。莎拉的價值感必須建築在他人對自己的想法上，因為她的自信心不高。沒有他人的重視與接受，她無法感受到自己的美好。

4. **取代**：我們必須用激勵人心的思維取代這些令人沮喪的想法。你必須問你自己：我該如何改變我的看法或者作為，才能幫助我感受到自己的美好，活出更精采的人生？

轉化具有毀滅性的思維，讓自己感受當下的美好，這是很重要的步驟。莎拉提醒自己，無論他人如何看待自己，她還是值得被愛的。她說：「我愛我自己，這就足夠了。我給予我自己的愛，會從另一位真心關懷我的人回到我身上。」

為了使這些能夠賦予力量的想法更為具體化，請回想一下你曾經感受到自己真心期望的模樣。莎拉想起值得被尊重、被愛，充滿自信的自己，在腦海中重新溫習這樣的場景。

這個技巧不只能讓她自信心大增，更能協助她找到解決方法。你可能會想起自己在過去類似的經驗中，如何找出解套的方式。

5. **觀想**：觀想自己在未來的某一天，能夠看懂及掌握自己的情緒狀態。當你這麼做的時候，你的頻率振動不僅會跟著提升，還能夠與情緒建立一種自主的連結，讓大腦能夠毫不費力地為你處理它。

你可以重複這步驟好幾次，讓每一次的觀想都能延展你的想像力，讓這場景用更栩栩如生的方式顯化在腦海之中。

精通的祕訣就是要重複去做。當你一次又一次地演練掌控自己的情緒，等真實狀況來臨時，你就會知道什麼時候該做什麼事情。

♥習慣九：覺察當下

每當你花一秒鐘想著下一秒的事情時，你就無法好好地享受當下。確保自己沒有在腦海中度過你的一生。

隨著全球科技的進步，我們的社會越來越著迷於個人科技用品，而不是周遭實際的世界。我們的對話大多數發生在電話之中，而非你我之間面對面的實際交談。我們只會盯著螢幕，過著數位交際的人生，忘記身邊還有一個真實的環境。

現代人似乎傾向透過鏡頭看世界，而非用自己的肉眼享受當前的景色；手機螢幕的閃閃發光，讓演唱會的聽眾興奮不已。當然，我並非不想捕捉這些珍貴的時刻，然而仰賴螢幕生活，會剝奪我們活在當下的美好。

當我們無法活在此時此刻時，我們容易變得更焦慮、更恐懼、更有壓力。憂愁成為日復一日的常態，只因為我們習慣活在他處，而非現在這個當下。我們忽略掉身邊周遭的每一個人，賠掉了我們的人際關係。

這也是為什麼我們活在苦惱、迷惘之中，感覺失去連結。我們的頻率變得更加低落，因為我們感覺自己活在一種虛擬的場景之中，無法連結到自己真實的人生。我們活在過去，害怕未來，在腦海中創造出各式各樣的障礙，將富有創造力的能量投注在毀滅性的念頭，也造就我們人生中的各種波盪。

當下是你唯一擁有的時光。過去已經不存在了，無論你將過往在腦海中重新經歷過幾次。未來尚未來臨，你卻又不斷地將自己帶去腦海中的未來。我們甚至都沒有意識到，明天偽裝成今天出現；沒有什麼比當下更珍貴，因為當下無法重新再來一次。你或許可以將記憶視覺化，卻無法親自重新體驗今日的流逝。

你回想一下自己完全忘記看時間或者看手機的時刻。你身邊是否圍繞自己所愛的人，或者你剛好正在做一件讓你很開心的事情？你沉浸在當下的時刻，完全忘記擔憂過去或未來，單純地在那個地點享受著那個時光。這就是活在當下。

正如這本書後續會談到的，未來的規劃確實是達成目標的環節之一，卻也不應該花費太多時間在這件事情上。現在就是偽裝成未來的當下。十年前，你可能曾經想過自己的未來就是這個當下的立足點，未來就是現在。

我二十出頭歲的時候，每當我週六有安排計畫時，我會希望每一天都能夠過得快一點，我就這樣浪費掉這麼寶貴的時刻，而且不能重新再來一次。當那個週六過去後，我又開始執著在下一個令人期待的計畫，有時那根本是數週以後的事！

科技是一項工具，而非生活的替代品。

生命有個前提，一旦我們出生之後，每二十四小時的流逝代表著離死亡又更靠近一天。我們所寄望的未來都等同用當下出現在我們面前，而它的到來卻也來去無蹤，一溜煙地讓我們根本無法注意到，然後我們又將注意力放到下一個未來，然後再下一個，就這樣無限地循環下去。

我們大多數的人都是如此過生活，早上起床度過一天，然後又回家睡覺，這樣一年重複三百六十五次。我們渴望成功、愛情、快樂的到來，卻從沒有意識到當下這個時刻所擁有的一切。然後，有一天，我們發現我們從未真正活著，或者擁有了原本所渴望的財富，卻也無法盡情地享受，因為我們永遠都在追逐另一個東西。

> 我們將人生變成只存在於幻想之中的未來，完全忽略掉眼前所發生的一切。

對於過去，我們也是如此。即便我們可以時不時地重溫過往的美好，卻也不該忘記，過去就是過去了，我們無法改變任何事情，只能在腦海之中重新建造或修改一些片段。

我接下來要提到的冥想練習，將能夠幫助你連結當下。當你能夠覺知此時此刻，我們的頻率將會提高，不會被困在過去或未來之中。

♥習慣十：練習冥想

日益普及的冥想練習受到各方的讚賞，從職能治療師到主流媒體，來自不同背景的人們都在談論冥想的益處。然而，對於新手而言，冥想令人生畏、耗時且難以掌握。我個人正是出於這些原因而遲遲不願開始。

就如很多人一樣，我想要開始冥想，卻又得不到要點。當我終於展開第一步的時候，我感到很彆扭，也不知道自己是否做得正確，或者有沒有效益。我無法定期練習，也看不到對我有任何益處。當我更深入地看待這項練習後，我發現自己根本沒有理解冥想的真諦，還將它過度複雜化。

一旦我決定實施三十天的專注冥想後，我終於開始感受到變化。

一年來，我每天花十五分鐘冥想，並在自己身上發現**不可思議的**變化。最明顯的部分是，我發怒的時間減少許多，這對過去的我來說是一個極大的問題。就算遇到一些以往都會讓我大動肝火的事件，我也不會像以往一樣地大發雷霆，或是有明顯的情緒反應。

我也發現自己的新技能，在混亂之中也能心平氣和地面對周圍的一切。我是有意識地在看待我的思緒，也因此能夠處於喜樂之中。

這些改變大到讓我無法忽視。

冥想能夠減緩小我所創造出來的抵抗，帶來祥和感、清晰及逐漸增強的耐心。在整個練習過程當中，我從直覺出現的想法中學到深刻的課題，讓我進一步地進入內在的智慧，找出原本被困住的問題的答案。當我需要提升頻率時，我知道冥想能夠注入這股美好的感受。

很多人都誤以為冥想是要清除腦海中的思緒，我這樣說或許聽起來很弔詭，但這確實是一種迷思。事實上，冥想是一種專注力，幫助你的意識回到當下這個時刻。這對你人生的不同面向而言，都會是一個很強大的工具。

透過冥想練習，你的感官會充分地回到當下，平穩地從外在的遠處觀照自己的思緒、情緒及生理的各種感受，不帶任何評論及批判。

我想趁這個機會，引導你立刻做個簡短的冥想放鬆練習。你只需要一枝筆、幾張紙，以及一點恬然安靜的時光。

冥想練習指南

1. 用直覺的方式判斷自己當下的能量程度。從一到十，一分為**我很低落，也不想做任何事情**，十分為**我感覺良好**、**平靜**，**充滿喜樂**，看看你給自己幾分。你把當下立即浮現在腦海的數字寫下來，不用多問。

2. 現在，我們要進入冥想的狀態。請先找到一個讓自己能夠全然放鬆的空間，可以選擇坐姿或站姿，還不用閉上眼睛。無論你在哪裡，先將意識放在你的身體上。

   是坐著嗎？

   還是站著？

   脊椎感覺如何？

   不用試圖做任何改變，只需要把意識放在自己生理上的軀殼。

3. 現在，把意識放到自己的呼吸上。你只需要觀察它，讓空氣進入自己的肺部，然後再吐出來。接著，做一次深呼吸，想像肺部被空氣充滿，越多越好，然後透過吐氣排出內在所有的濁氣。

   你可以感受在吸吐之間腹部的起伏，感受胸腔也會跟著你每一次的呼吸上下起伏。

4. 現在，看看自己的周圍。觀察有哪些顏色、哪些圖像，不帶任何批判，只需要觀察。讓你的雙眼吸收自己周圍的環境，再緩緩地閉上雙眼。

靜看著腦海中所出現的畫面。

讓思緒流動，無須有壓力。這裡沒有對錯，只需要觀照腦海中任何事物來去流動，讓眼皮慢慢地放鬆。同時，還是要注意自己的呼吸模式：吸入、吐出，擴展、收縮。

5. 聆聽周遭的聲音。

聲音來自哪裡？

音調如何？

有任何比較突出的聲響嗎？

你能夠分辨出背景和前景的聲音嗎？

現在，好好地聆聽自己呼吸吐納的聲音，吸入、吐出。

6. 將意識放在身體上。有感受到什麼部位比較緊繃嗎？你不需要做任何變動，單純地感受自己的身體。

有沒有任何情緒或感受浮現呢？是什麼呢？是在身體的哪個部位呢？

觀察、感受、聆聽。就這樣停留一分鐘。當你準備好的時候，你可以開始擺動自己的雙手及雙腳。

接著，睜開自己的雙眼。

7. 練習結束。現在來檢查一下自己的能量頻率，你會為自己打幾分呢？把這個數字寫下來。是比一開始還高分嗎？如果沒有，你可以重複剛剛的練習，直到感受到頻率的提升為止。

如果你無法將以上的步驟記下來，你可以用手機錄下自己的聲音，引導自己做這個練習。盡量用清晰緩慢的聲調說出來，也在引導句之間保留停頓安靜的時間。

冥想一點也不複雜，佛教大師明就仁波切（Yongey Mingyur Rinpoche）指出，冥想只需要將意識放在呼吸上[10]：當你有意識地呼吸時，就是冥想。就是這麼簡單，你能夠隨時隨地進行這項練習。

在有意識的狀態下做的所有及任何事情，都可以被稱為冥想——甚至是洗碗。

你可以連續三十天每天花十五分鐘來練習。如果你覺得太久，也可以從五分鐘開始，之後再慢慢地拉長。

呼吸是生命不可或缺的一部分。我是認真的，如果我們無法呼吸，就無法繼續生存。我們所吸入的第一口氣揭開生命的序章，而最後一口氣則是生命的終章。這也是為什麼別人會說，每一次的呼吸都是內在的轉化，每次的吸吐都意味著死亡及重生。

透過呼吸，我們強化自身的生命力，無論是瑪納（mana）、普拉納（prana）、氣等，各種靈性信仰皆有給生命力不同名稱。每一次的呼吸，都是允許生命力的能量進入身體的每一個細胞，才能展開一次又一次新的人生振動。更飽滿、更受控的呼吸能夠安撫我們的神經系統，提升頻率的振動。

冥想讓受限制的思維瓦解，給予你成為真實自己的機會。當冥想練習變得更頻繁時，你會看穿自己頭腦的把戲，也就是那些帶有限制性的觀點。

編按：本章的冥想附有示範影片，可掃描參考下方的 YouTube 頻道。

10〈向和尚學習靜心〉。《MBS 健身》，YouTube 頻道，2006 年。

Part 3

把自己放在首位，告別消耗你的關係

前言——愛自己不等於自私

遠離降低自己頻率的人事物並非自私，也絕非懦弱的象徵。人生是種平衡，是散播美好良善，不是任由其他人將美好良善從你身上奪去。

將自己放在第一順位是很自私的行為嗎？這也是要看狀況，如果只是單純想到自己，完全忽略他人，這**可以**被視為自私。比方說，把一個派切成八片，而且屋內有八位飢腸轆轆的人，你卻拿了兩片，這確實可以說是自私的行為。

然而，把自己放在第一順位是個很重要的觀念。你擁有大量可以付出的能量，卻也必須將一部分放在自己身上。你孤身一個人來到這個世界，也將會如此離去。這輩子中，你與自己的關係將會是最長久的。當你與自己的關係達到和諧的狀態，你才能與他人和諧地共處。

難過的是，就算有些人本質不錯，他們無法意識到他們的言語或者行為所造成的影響，甚至刺痛你的靈魂。當然，理想狀態是我們的情緒不會因他人的行為舉止而有所變動，但是只有靈性達到揚升狀態的人才能做到這件事情，能夠無視他人行為的影響，無條件地給予愛。大多數的人都還有很長一段路要走，才會到極高的意識頻率，去做到無所求地愛著大家。

如果我們並非是在這揚升的狀態，那麼與有毒個體過於頻繁的互動將會影響到我們的能量場，讓我們感到筋疲力盡。

處於正向思考的人身邊，比較容易看見生命的美好。

個人成長是持續不斷的過程，需要花費一些時間才能達到不受他人影響的境界。因此，你必須切斷那些削弱你能量的人之間的關係。他們有毒，並阻止你繼續進步。畢竟，當這個人不斷地用毒性能量滋養你，不要說生活正常運作，連要面帶微笑都不是件容易的事情。想像一株植物：在一個有毒的環境條件下，它將無法生長，也會很快地枯萎。反之，在對的條件之下，它會逐漸茁壯，成為一個美好的植栽。一旦它夠強大的時候，就不容易被摧毀了。

人們也是會帶有毒性，有毒性的人會不斷地批評你的所作所為、對你有過高的期望、不尊重你，也不願意給予你支持的力量。這些人也不願意面對自己有毒的行為，更別說做任何改變了。

你會發現，當你周遭圍繞著這種帶有毒性的人時，內在的和平感會被打亂，還會將這種痛楚轉移到別人身上。因此，我們回到這個問題：如果只幫自己做打算真的很自私嗎？還是說，別人期盼我們接受他們的自私行為才是正確的呢？

終結帶有毒性的關係異乎尋常地困難，你很難脫離這些與自己親近的人，即便他們正在殘害你。然而，一旦你澈底斷開了彼此的關係，你是在引導自己進入正向之流，能夠有時間進行自我覺察、療癒與成長，就像剛剛所說的植物一樣，成為更強大的自己。

♥先檢視自己的行為是否有毒

我們都希望別人不要成為有毒性的人，卻也從沒有好好檢視自己的行為。這一生中，你與自己的關係是最要緊的，所以不要為自己的毒性舉止找藉口，請好好地破除這個模式，先辨識自己有哪些帶有毒性的傾向，還有哪些會傷害到其他人，甚至傷害到自己。

當我們處於不安或者煩躁的狀態時，我們都以為其他人都好好的。因此，我們用自己的感受當擋箭牌，任憑自己的狀態波及到他人，殊不知其他人或許也處在自己情緒的震盪之中。這會讓他人陷入低潮，不是只有**你**自己感到受傷，其他人也是。

有些認為自己是典範的人往往也會忘記自我檢視這個動作，就如我自己也是有過類似的經驗。如果你有追蹤我的 IG 粉絲頁，你會看到我的貼文都是一些勉勵或鞭策的句子。你可能不知道，這些貼文很常被其他社群媒體竊取使用，或者以他人的名義寫出來。看見我的文字及想法受到這麼多人的青睞，確實也是一件不錯的事情，不過把我貼文上的浮水印移除，也沒有提到引用來源，這也會讓人忿忿不平。

最讓我訝異的是，有不少粉絲頁的觀眾群數量頗大，卻拒絕修正自己的錯誤。當

記得檢視自己的行為舉止，
盡你所能地改變對你或者其他人有毒的行為。
這不只是成長的過程，也是自愛的行為。
你正在告訴你自己，你值得更多，
而不是讓這些行為限制自己的成長。

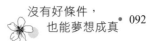

我聯繫他們的時候，這些粉絲頁背後的人拒絕撤文，也不願修改貼文，因為粉絲互動很多，這樣做只會讓他們流失粉絲。有些人甚至從這些文字當中獲利，卻不願意面對我傳送過去的訊息。還有人跟我說，大家都這麼做，叫我不要這麼糾結。還有一個很有意思的回應：「別鬧了！你的名字不需要出現。如果你是正面的人，就不需要一直連絡我。」這件事讓我驚覺，即便是在宣導或者看似推廣正面思考及愛的人，其實都沒有按照自己的宣導而為。

事實上，我確實必須放下這件事情，因為他們都拒絕改變。我必須要專注在無私的心，處理自己所體驗到的失望，提醒自己至少這些正向文字都有發揚光大，我才能找到內在的和平。

然而，這些答覆透露出一個全世界很常見的事情：怪罪他人。我們很容易指責他人，這樣才不用為自己的行為負責。

這樣一來，即便我們傷害他人，也可以說不是自己的責任。畢竟，這是他人的看法及想法，是他們認為我們的行為有傷害到他，不是自己真的有造成這樣的傷害。

如果我認為自己是對的，別人認為我是錯的，那麼究竟是誰對誰錯呢？

就算你認為其他人只是過度反應，你勢必也該去了解，他們究竟為什麼會產生這樣的感受？這往往是因為你侵犯到他人的個人價值觀。如果他人宣稱自己確實有感到很受傷，你必須相信確實如此，你無法替對方決定他們是否應該感到受傷。

我從自己的伴侶身上也學到這件事。有時候我的玩笑太過頭了，造成她的不愉快。有時候她會勇敢地為自己發聲，告訴我這是她不願被碰觸的弱點，最糟糕的狀況就是我還怪罪到她身上，只因為她願意認真敞開心房。你無法對別人說，他們的感受不是真的，而是要先試圖感同身受，了解他們為什麼會有這樣的感受，然後看看自己是否有任何補救的方式。

這在任何關係中都十分重要。我們每個人都不同，而我們的感受也都值得被尊重。認同及了解他人的痛楚，不但可以讓你從中學習，也能幫助你成長。你並非是完美無瑕的聖人，大家都會犯錯，但你必須願意學習、成長以及保有尊敬差異的態度。

你的伴侶關係健康嗎？

創造一個能夠暢談彼此真實的問題，而非只會在社群媒體上交流的關係。社群媒體上的伴侶狀態並不會解決彼此的紛爭，你需要的是一段交心的對話。

在伴侶關係當中，有人會因自己的不安全感而懲罰另一半。他們讓對方感覺自己有許多缺點，自己卻將短處粉飾一番，還擺出居高或者權威的姿態。這樣關係並不健康，還帶有毒性。這會讓被懲罰的那方自我懷疑，感覺低落，甚至空虛及迷惘。

例如，如果你自認自己的鼻子太大，你會發現，當你的伴侶與另一位你認為外貌姣好或帥氣的人來往時，你會開始比較，認為他的鼻子比較小。當你執著於他人的鼻子比你好看時，你會感受到一股負面的情緒流，像是忌妒、質疑、憎恨等。結果，你的自我價值、自信甚至能量，都會一落千丈。

你的大腦會開始灌輸你可怕的想法，像是你的伴侶比較欣賞對方，因為他有**完美的**鼻形。接著，你會拿伴侶出氣，指責他與對方調情，即便真的什麼也沒有發生。你會將自己的不安全感投射到對方身上，暗指對方狠毒、缺乏愛、甚至不尊重你。你試圖操控對方的情感，而非負起自身情緒的責任，還把脾氣發在別人身上。

你會確保對方感受到你的痛苦，你會質疑對方的人格及道德，說服對方他才是罪人。你會一一指出對方所有的不是，將雙方捲入紛爭的漩渦，暴露更多的不安全感，讓彼此不擇手段地口出惡言，甚至演變到大打出手的狀況。你是否有想過，這是出於你自身的不安全感，還是伴侶真的有不恰當的行為？最後，這一切便會以雙方都感到痛苦告終。

還有另一種可能性。你的伴侶確實是在跟其他人調情，這在有些關係之中是可接受的行為。當然，在大多數的關係認知上是不被允許的。但是，你無法強求他人對你的尊重，不過還是可以在不受尊重的狀況下去找解套的方式。

也就是說，不安全感是可以存在於一段健康的關係之中，不過另外還會有互相尊重及支持。每個伴侶必須承認自己不安全感的存在，對彼此敞開心房，彼此願意努力去做改善，用尊重的態度對待這個感受，才不會傷害到彼此，或者用這感受去對付對方。每段關係都需要雙方的努力，無數次的溝通及全然的理解，這一切都是具有挑戰性的。放棄並非是問題的答案，但是偶爾拉開距離也是必要的，特別是當你已經失去自我意識的時候。

療癒，有時候是需要斷開有毒的關係。

不健康的關係會榨乾兩人本有的良善，對一個不願試圖一起努力的另一半，我們只是將一切付諸於流水，滿足壯大了對方卻讓自己的愛被提領殆盡，將自己奉獻給一個不尊重自己，不願對自己好的人。

一段能賦予力量的關係，不需要任何專業知識就能感受到，因為你不會覺得自己匱乏或者受困，不會在關係當中感受到空虛，更不會只有一方感覺良好。

有時候，我們只是喜愛對方可能的樣貌，或者短暫出現的模樣，還有對方後續發展的潛力。事實上，如果你回想一下一位你曾經認真以對的前伴侶，絕對會有一個時間點讓你一度以為這是全世界最美好的事物。後來，你才發現，對方並非是你所期望的樣貌。

人非聖賢，關係也無完美。然而，你很容易相信對方所點燃的希望之光，或者成為美好伴侶的潛力，即便內心深處有個聲音告訴你，這只是自己不願放下的假象。如果現在你知道你的伴侶不願與你改善關係，這真的也只是在浪費你的時間。

你絕對叫不醒裝睡的人。

你也必須確保對方不是假裝願意與你改善關係，這只是會產生一種假象，如此你才願意留下。當然，這樣的行為很自私，但是對方確實還不願意去探索自己的潛力。

我完全可以理解，離開一段有毒的關係是多麼艱辛，特別是對方恰好是自己所愛的人，用說的絕對比做的還輕鬆。這也是為什麼許多人寧願選擇停滯不動，忍受負面能量，能撐多久就多久；但你要知道，快刀斬亂麻的短痛絕對值得。

有時候，人們會勉強自己將就在一段不適當的關係，因為他們認為自己再也找不到更好的伴侶，或者重新認識一個人、建立一段關係是件冗長辛苦的事情。即便他們內心知道自己值得更好，卻還是無法勇於突破。

我這邊會提供你一個例子，讓你看清自己是否處於一段有毒的關係。有些人曾經問過我，他們與伴侶相處得不是很愉快，也不曉得是否該放手；我並不喜歡告訴他人該怎麼處理自己的關係，因為我不是當事人，無法看清整個關係的來龍去脈。你可以描述，我可以假設，卻終究是他們兩人的決定。

我決定做些改變，問了這兩個人如果同樣的狀況發生在自己女兒身上，會給她什麼樣的建議。他們停頓了一下，陷入思考。他們絕對知道自己該怎麼做，只是需要得到我對這決定的認同，或者親自說出口給他們聽。他們兩人都很害怕明確地說出口，所以一直不敢面對。而當我提出這個問題時，他們發現兩人內心都已經有答案了。

父母天生就有保護自己小孩的直覺，就算你現在沒有小孩，多少也可以想像。你的愛已經多到不願看見他們受傷，失去一絲一毫的快樂。這個人在還沒有向我詢問的時候，他的胃部（gut）就已經有了答案，所以我總是告訴大家相信自己的直覺，這是自己的靈魂在耳邊低語著建議。

你的胃總是知道自己已經找到了那個答案，無須思考。

當你有某種想法時，你的胃會有個奇怪的感覺，這就是我所說的直覺。這是最好的引導系統！

即便自己有個主要的想法，卻不一定是直覺在說話，因為想法有時候來自於恐懼或欲望；直覺則是很安穩的能量，是個令人放心的超脫感。有時候，你的內在還會催促你寫下來，讓它具體化！

你只要記得，一段關係必須為自己的生活加分，在大多數的時間給你美好的感受。有毒的關係會損害心理健康，甚至波及到生理層面。

別為了想擺脫孤單一人而停留在某段關係中。如果該說再見，就勇敢踏出這一步。或許會有點疼痛，卻會成為你美好未來的根基。

♥選擇真正的朋友

有天晚上，我收到一位年輕女孩的電子信件，她認為自己患有憂鬱症，又帶有自卑感，對自己的人生頗為不滿。她沒辦法找出自信的一面，也無法維持正向的狀態，所以要她正向一點完全沒用，只會讓她更難受。

跟她談過之後，我很明確地注意到，她的朋友灌輸她許多帶有惡意的想法，像是她很醜、很白痴、讓大家蒙羞。這些朋友完全忽略她的價值，更進一步影響了她對自己的看法。

如果有人不尊重你，或者不斷地說你有缺點，你確實會慢慢地將他人的說法納入對自己的看法。事實上，我們腦海裡有許多想法都不是自己的。年輕的時候，別人會告訴我們，哪些路是不屬於我們的。長大後，這些想法都根植在腦海之中，他人的看法也成為了我們的現實。我們的一生中都遭受到不計其數的評論和社會制約的影響。

其實，最好的方法就是認識不同圈子的朋友，尤其是當自己原本的圈子不願意改變的時候。一旦這位女孩離開這個朋友圈，認識新的朋友，她就重新拾起對生命的信心了。

簡化朋友圈，只留下能為你生命加分的朋友；捨去不好的實則為一種加分，數量少反而意味著更多、更好。

隨著社交網路平臺的發展，「朋友」的定義產生了變化，朋友不再是你熟識的人，虛擬的友誼改變了社會對友誼的標籤方式。現在，任何人都是你的朋友，即便只有在某個晚上出去時見過一次面。

有多少人是你真正的朋友？當你有需要的時候，他們都會在嗎？不幸地，現代的友誼沒有情感支持的基礎或者家人般的連結，反而都是飲酒作樂、抽菸、狂歡、逛街購物、講講八卦，這些行為都會降低一個人的頻率振動。

這種友誼都基於短暫的互利。例如，有些朋友在你的生命中，只能夠一起出席某些公共場合，像是派對。跟你一起上健身房的人也可以成為友人，但如果你需要有人幫你搬家，他會願意來嗎？他們會主動幫忙嗎？這些友誼並非不好，確實是有存在的目的，但當你需要援手的時候，他們卻都缺席了。你並不能期待這些人與你共患難。

我們往往只有表面上的友誼，而非有意義的友誼。怎麼評估朋友如何給予支持呢？當你好過的時候，他們是真心為你喝采嗎？他們會鼓勵你採取積極的行動嗎？他們會幫助你成長，成為一個完整的人嗎？假如你有遲疑，這友誼或許不是你想像的這麼健康。

如果你感受到朋友圈向你投射忌妒、憎恨之心，這意味著身邊的人並非是適合你的人。真正的朋友會願意給你最好的，不會因為你變好而怨恨，他們會幫你往更好的方向走，讓你不會心生不滿。

有些朋友希望你好，卻也不要變得太好。千萬不要因為這些平庸的友誼而滿足，它們只會是負面的影響而已。

我們每一個人都會用不同的步調成長、成熟，但是有些人的腳步確實比較慢，因為是他們**選擇**停滯不前。你會發現，有些人總是日復一日、千篇一律地做相同的事情，與相同的人碰面，抱怨一樣的問題。這些人也對改變很抗拒，不願走出自己的舒適圈，尋找更美好的人生。這些人甘於不滿足。

你或你的好友可能是同一路人，但你也有可能剛好充滿雄心壯志，想要為自己的人生爭取更多。這時，你跟朋友或許會因為頻率不同而分道揚鑣，但他不懂為什麼。舉例來說，如果你渴望靈性的成長，你會對一些特別的想法比較有興趣，但對你朋友而言聽起來全都像是外星語。

事實上，你身邊每一位朋友都是生命的導師，都需要扮演某種角色，有些只會短暫地出現，有些卻會停留一輩子。比朋友走得快，繼續追求自己的人生是件好事。你必須專注在自己的人生當中，不斷地擴展，作為獨立的個體而成長。當你能夠真正地感到快樂、充滿愛及成就感時，你才能為其他人做些美好的事。如果你周遭的人選擇不同的道路，或是還沒有跟上你，這也沒關係。生命終究有自己的安排，如果他們本該與你同在，遲早都會出現，兩個人的生命旅程終將會交疊在一起。

♥面對最具挑戰的關係：家人

衣服、嗜好、工作、朋友會不再適合你，甚至連家人都一樣。我們會進化改變，會超越那些不再對我們的喜悅與福祉有所貢獻的過去。

家人不一定會是為了你的福祉而存在，即便每個人都被教導，沒有任何事情比家人更重要。血緣上的關係不一定都很親密，或給予你全力的支持。有時候，朋友都比家人更像家人，更不要否認，有時候家人才是生命中最具毒性的關係。

切斷家人之間的關係必定令人心碎，因為無論他們如何對待我們，終究也是我們視為最重要的人。更何況，要合理終結關係並非易事，無論父母對自己的人生造成多少傷害。

不過，你也不一定要選擇結束關係，而是可以建立溝通的橋梁，告訴他們你的感受。你會很訝異，其實很多人並不知道自己的行為會對他人造成這麼大的傷害。

當他們發現自己對你造成傷害後，會願意做些調整及改變。

我們可以試圖去理解對方的目的，因為這些行為背後往往是帶著善意，他們希望我們開心、豐盛、成功。然而，他們可能受到誤導或者帶有限制性的視野，才會顯得消極、負面。

有位朋友曾經想要從事某個線上事業，需要取得父母的同意。他原本很興奮，但父母的反應並非他所期望，澆熄了他滿腔的熱血。他們嘲笑這個想法，並試圖勸退他，他們基本上完全不了解這模式如何營利。而且，他們建議我朋友停止天馬行空的想像，該好好專注在自己的學業，考好成績上大學。

這位朋友原本認為這想法很棒，卻因父母抱持懷疑的態度而有所退縮。這其實也不是第一次了，他覺得他的父母似乎總是在打擊他的抱負，總是沒有為自己著想。然而，他也不願將父母排除在外，畢竟他們是最愛的家人，還住在一起。只不過有時候，他真的認為他們並沒有這麼地愛他。

我朋友無法理解，父母的嚴苛也非他們的過錯，只是成功之道在他們的眼中不一樣，畢竟他們的人生觀是由經驗及社會制約所形塑出來，也就是他們對人生的想法必然與我們有所差異。

如果想在批判之中找到愛，你必須了解**所有人的**眼界，包含你自己的，都是屬於狹義主觀的視角。在這一生中，我們從四面八方得到不同的訊息，而這一切絕對都會影響我思我想，不過這也取決於我們自己想要納入哪些資訊。

假如你的家族之中，沒有任何人休學後成功地打造自己的線上事業，你這樣的想法對他們而言太過標新立異，只能先拒絕接受，因為人們會因為不懂而感到恐懼。所以，對於這些你所愛的人，你可以先理解他們的出發點，還有他們擔憂或者冷嘲熱諷的根源。

面對人生的信仰是用無數年的時間堆積起來的，你總不能期望他們，因為你的看法而在一夕之間就拋下自己的信仰。

如果你希望得到他們的支持，你必須要建立這份信任，這是你的任務，並非是他們的。你需要保持開放的態度，開啟你們之間的對話，告訴他們你的感受。還有，可以邀請他們加入你的計畫，給予他們多點資訊，讓他們從不同的角度看待這項提議。你也可以讓他們知道，你自己也設想過最壞的打算，幫助降低他們的恐懼，對你多點信任。當信任感足夠時，他們就會願意給予你想要的支持。

之後，我朋友在父母親面前攤開了一份自己的行動計畫及成功案例，甚至還引用自己家族崇敬的名人話語來支持自己的看法。這樣的做法讓他足以慢慢地改變他們的看法。

假如你也遇到類似的狀況，你可以盡你所能，讓這些懷疑論者明白，你這條路絕對是大有可為。

如果你無法證明自己對於某些事情的認真堅決，你也不能期望他人對這件事持有同樣的態度。

千萬不要低估以身作則的力量。如果周遭的人思維都很狹窄，導致於他們對於你的事情都很冷漠，你必須要讓他們知道，任何人都可以脫離不開心的狀態。你必須秉持開放的態度，用你溫暖的心盡你所能。就算遭受到不公平的對待，你也可以展現不同的風範。你的信念與決心將會逐漸地動搖他人，讓他們看見你不同凡響的一面，而且還能讓你的人生因此獲得豐盛的報酬。

有時候，當你能夠改變自己的看法，並且察覺這些挑戰自己信念的人身上所擁有的優點時，你會開始對你們的關係改觀，特別是當你與挫傷你的人住在同一個屋簷下。當然，這並非澈底的解決方法，但是你會開始珍惜對方的好，願意在關係還未改善前保持一段距離，以此作為關係療癒的催化劑。

你要記得，你不能去改變不願做任何改變的人。你可以造成一些影響，促進他們的改變，卻永遠不能**強迫**他們改變。這些人也會需要一些**契機**才會決定改變，像是改變自己的人生或你們之間的關係。假如他們看不見自己的問題點，是絕對無法激勵他們接受任何變動的。

在有些案例中，家庭成員會採取極端的手段，造成生理或者心理的傷害。我們來到這個星球上，不是為了讓自己遭受另一個人的惡意對待，無論我們與對方之間的關係為何。而且，當你默許這些人的有害行為時，這也正在對你造成更大的傷害。如果你正在考慮是否遠離這些具有不良傾向的人，請毫不猶豫地切割你們之間的關係，無須感到後悔。

♥陪伴他人是好事，但是有前提

我先前有寫到，想提升自己的頻率可以多接觸正能量、高頻的朋友圈。這確實是一個不錯的方法，但對於已經處於高頻條件的人並非是全然的好處。他們可能會覺得自己不斷在陪伴低落的人，反而不容易平衡自己的情緒，陪伴這些想尋找更高頻率的人，也會將他們自己拉下水。

你可以想像自己在聽朋友向你吐苦水，反而自己陷入傾盆大雨的憂傷狀態。這是有傳染力的。我曾經也遇過類似的狀況，當時我的室友有一陣子心情都很低落，因為他剛與女友分手。有天晚上我們一群人一起出去，而他卻提早回家，當時的他仍舊因為分手而悲痛欲絕。他的前女友忽然希望我們回去看他的狀況，因為他傳給她的簡訊聲稱要傷害自己，導致她也很惶恐不安。

當我們回到公寓的時候，他的房門鎖上，門縫下傳出高分貝的音樂聲。我們不斷地敲他的房門，他卻不聞不問。因為這樣，我們也陷入恐慌，急忙打電話給有備份鑰匙的管理員。

當我們終於進到房間裡頭時，他蜷縮著身軀躺在床上流淚。我們趕緊檢查他的手腕，看見幾道自殘的痕跡。在那一瞬間，我們發現他的頻率低落到願意結束自己的生命。不幸中的大幸是，我們及時打斷他絕望的念頭，百般安慰心碎的友人。

接下來的幾天，公寓裡有些奇妙的氛圍變化。大夥兒都有點心緒不安，而這位試圖輕生的室友並沒有針對當天的事情多說什麼，只是會一直黏著我，因此我晚上都會陪著他，徐徐緩緩地說了一些話，給予支持與建議，讓他不要這麼難受。

然而，過了一陣子之後，我察覺自己也不太像平常的自己了，持續性地悶悶不樂。我發現即便自己很希望陪伴在他身邊，我還是先得為自己著想。我內在十分空虛，而在這樣的狀態下也無法給出太多，就如空的杯子之中也倒不出什麼。

我先拉開了彼此之間的距離，保持最低的互動頻率。然而，內在的我卻十分自責無法陪伴在他身邊，我感覺自己必須像萬能的神一般，接受他如實的樣貌及狀態。然而，我的內在已經支離破碎，除非我的狀態好轉，不然我也不可能給予他適當的支持。在心煩意亂的狀態下給予他人安慰，讓我覺得有點虛偽。

後來，他的狀態看起來有好轉，讓我安心不少。我也逐漸提高我的頻率振動，讓我能夠適時地伸出援手。

這是很多年前的事情了。事過境遷，我現在具備著更深厚的覺察能力及理解力，

想幫助他人提升頻率之前，
先確保自己的能量不會被扼殺。
先保護好自己的能量再說。

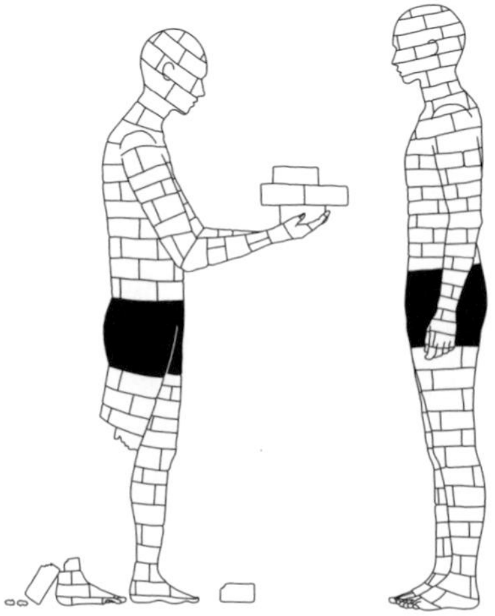

也很感謝有這麼多人願意向我傾訴他們的問題。但是，就算遇到低頻的人，我也能夠保持平穩的頻率振動。當然還是會有一些例外，我會盡量保護好自己的能量，不使我過度消耗能量，也不讓他人逼迫我做違反我意願的事情。

如果我意識到自己的頻率不夠高，這時試圖幫助處於低頻狀態的人，只會讓我承接更沉重的情緒負擔。

當你自己的狀態是無精打采，而身邊又有人在自怨自艾，這個人只會耗盡你的能量，將你推向萎靡不振的地帶。當別人的垃圾桶是件好事，但是讓自己加入這地球上不開心的隊伍之中，對任何人都毫無益處。

最聰明的做法就是改變自己的頻率，讓它越高越好，才能保護好自己。如此一來，你才能讓自己強大到可以幫助他人。

♥了解負能量的人是什麼心態

並非所有人都支持你、接受你，更別說試圖了解你。有些人就是不願用好意的方式看待你的能量。放過他們吧！繼續向前走，擁抱自己的快樂吧！

這世界上所有的人都會至少被一個人討厭，無論前者是多麼友善、被他人愛戴，除非你完全不出門，讓別人沒有機會看到你、跟你說話、連你的存在都不知道，不然不可能不被任何人嫌惡。只要你是**某某人**，就是會有人無法忍受你。

就算我做好事，也還是會有人時不時地出來罵我，特別是在虛擬的世界裡，都已經對這種傷害習以為常，因為大家都躲在螢幕背後，沒有讓大家知道自己真正的身分。這些人敢在網路上大放厥詞、酸言惡語，卻不敢在現實生活中如此狂妄，因為他們知道自己不需要為網路上的發言背負任何責任。

我還記得人生第一次被嘲笑，是在我五歲的時候。我當時在學校，老師要求我們形容自己的父母。所有人都有講到自己的爸爸媽媽。

輪到我的時候，我只有形容媽媽，對爸爸隻字未提。這就引起許多小朋友的好奇，想知道爸爸怎麼了，但我卻不知道怎麼回答。幸好老師很快就反應過來，打斷了同學的提問。老實說，我當時真的不知道父母是兩個人所組成的，我只有媽媽，也從沒對此有任何疑問。

下課後，有些小朋友開始嘲笑我。

他們會說：「他都沒有爸爸。」

「他爸爸可能死了。」

「他的媽媽就是爸爸。」

我的傷口被越劃越大，到最後只能用激烈的暴力手段來回應整件事情。這帶給我很大的麻煩，即使我有告訴老師我為何會這樣。

如果我沒有上學，就不會有這樣的經歷。當時的大家這麼年輕，難免缺乏理解與同理心，造成我對他人產生仇恨的感受。當我們之中出現不一樣的人時，我們往往都會將他歸類為格格不入，然後開始揶揄嘲笑。當我們認識更多人之後，就會發現我們處於被評斷批判的中心點，因為面對我們的這一大群人，別人都有自己所謂對**正常人**的認知。

你想想看螢光幕前的名人們，他們也都是人，但因為接觸的人面廣泛，才引來排山倒海的批評。我們嘴巴說要有口德，卻排除掉明明也是人的名人。很多人都想要傳教，卻沒有實際應用所傳授的教條。他們一邊閱讀、背誦聖言，一邊則在做不純潔的行為；他們相信自己正走向正確之道，卻批評他人不在同樣的道路上。

要記得，外在的負能量是不可避免的，只要我們跟這世界有所接觸及互動，就得面對其他處於低頻狀態的人，對我們做出不友善的行為舉止。

假如無法完全避開這些會帶給你問題的人，拉開距離是最好的選項。

當有人在說你壞話時，這邊有一些負能量的心態及提醒來讓你保持內心的安定與平穩，你會發現最好的防衛方式，就是保持沉默及享受喜樂。

「沒有人能在未經你的允許之下傷害你。」——聖雄甘地

見不得人好

不幸的是，處於低頻狀態的人都會想拉人一起下水，他們會指責你的短處，因為真的沒辦法看著你過得比他們好，也不願意看到其他人給你愛和關懷，而怨恨就這樣逐漸地累積起來。此外，無論他們怎麼挑撥離間，也影響不了其他人對你的觀感的話，這樣他們就會更加難受。

情緒低落的人在使用網路的時候，最享受看到其他人也被嘲諷、謾罵。他們很快

就可以嗅到負面的言論，嗜血般地慶祝其他人的失敗。由於這社會上還是有見不得他人好的文化存在，任何犯錯或挫敗都會成為人們茶餘飯後的討論話題。

你威脅到我了

當你弄出個聲響，其他人會試圖要你降低音量。當你在發光發亮時，也會有人要你收斂自己的光芒。就這麼簡單的道理：只要你不是獨占鰲頭，他們就會願意饒過你，不這麼恨你。

當我們追求卓越時，這些憎恨者通常都是自己感受到威脅、妒忌或者被我們的自信心所重傷。他們認為別人的成功會限制自己的成就，甚至失去某些地位。他們不喜歡周遭的人對有自信的人歌功頌德，因為他們希望受到讚賞的是自己。他們認為自己被我們不受框架的思想冒犯，只因自己的視野受限而深感無能為力、束手無策。

他們想挫挫我們的意志力及動力，這樣小我才不會黯然失色，輕視他人才不會感受到被貶低的自己。這種人一直都存在，更是會出現在我們前往美好人生的路途上。我們無須否認他們的存在，卻也不需要做過多的反應。任何反應只是剛好正中這些人的下懷，使我們沮喪，卻保住了他們小我的膨脹。

我痛，你也得痛

外在發生的現實便是內在世界的反映。當有人試圖讓你感受到不足時，這正是因為他們對自己有如此的感受。當你能夠理解這一點的時候，你便能更有效地面對這樣的狀況。

例如：傷心使人行屍走肉，任何行為都帶著苦痛，無法感受到一絲一毫的愛。痛苦及內在受折磨會讓人陷入低頻率狀態。這會帶來骨牌效應，因為不開心的人往往會遇見另一個不開心的人，被傷害後就去傷害其他人，然後無止盡地循環下去。

轉移痛苦到他人身上是無法療癒自己的。印度宗師和靈性導師奧修曾經將此比喻為撞牆。他認為，攻擊他人以減輕自己的疼痛，就像是有人大動肝火地將氣都出在牆上，試圖造成傷害。牆面的定義並非取決於他人，更不會有任何煩惱困擾著它們。痛苦還是落在這些人身上。而且，牆面並不會反擊，但是傷口最終只會越來越深、越來越痛。

誰叫你跟我不一樣

大家傾向於在某種程度上與自己相似的人所吸引，這一點也在神經語言規劃（NLP）獲得證實，稱之為「摹仿」（mirroring）：當一個人模仿另一個人的時候，會讓後者對你產生好感。

如果你熱情奔放、精力充沛，講話又很大聲，當你遇見另一位跟你有類似特質的人時，你很可能會很欣賞對方。如果對方的說話模式、肢體語言、聲調剛好跟你也很像，你可能也會想說：「說實話，我真的很喜歡這個人。」那是因為你們根本大同小異啊！

反過來說也是如此：當你與另一個人相差太多時，你會不傾向於親近這個人。那個人也會覺得你很怪、太「另類」。他們無法理解你，也沒有想要理解你，因為你們的能量根本不在同一個頻率上。

記住善惡終有報

你可能曾經聽過「業力」這個詞，由於這牽涉到神學概念（在佛教、印度教，還有其他宗教中很常見）中的輪迴，許多人對這個字眼不甚舒服。業力的意思就是現在的所作所為都會影響到我們的下一輪生命週期，也就是說，這輩子做越多好事，下輩子命運就會變得更好。

無論你是否相信輪迴，大多數的人還是相信要怎麼收穫先怎麼栽。以科學角度而言，我們也承認「因果關係」，或者牛頓的第三定律：「對每一個作用力，恆有一個相等而方向相反的反作用力。」基本上，只要你翻閱任何宗教相關的文章，都會談及到善有善報、惡有惡報的觀念。

每當有人用不公正的方式對待我們的時候，我們不太會聯想到對方將有報應，然後就對此不理不睬，繼續過自己的生活。反之，我們會讓自己困在某種情緒裡頭，將理性的思考拋諸腦後。

比方說，即便你知道自己沒有暴力傾向，但有人一直在到處亂造謠說你有，你一開始只會感到被冒犯，有些氣惱。如果這些人持續造謠下去，怒火會慢慢地越燒越旺。等到那一天，你的火氣已經瀕臨一觸即發的狀態，受夠這些流言蜚語，你就會採取激烈的反應。就算當時流言不是真的，現在你的反應也會讓大家認為果然是真的。

我們先前有討論到，低頻的舉措只會讓我們一而再、再而三地受到傷害，像是怒氣，這也包含了未來的業力。所以，不要允許他人殘酷的作為來定義你的未來。

寂寞無趣的人會極力地尋求注意力

當你的人生十分枯燥乏味的時候，你會開始將注意力轉移到其他人身上，用激怒、痛恨的手法來尋求刺激感及注意力。這也是為什麼迷因圖在網路上大受歡迎，因為這樣能夠讓大家一起嘲笑某些目標，得到眾多網友的讚、留言、分享等，還有當下即時的快感。這會使他們在短時間內感覺良好，好像他們正在做什麼有價值的事。而這也推導出我的結論——

別人對你的評價其實是他們對自己的評價

當別人在評論你的時候，也是在將自己的底牌掀開來，將自己的不安全感、需求、思維、態度、過往及缺點都暴露出來。這樣一來，你也可以看見他們的未來走向：如果他們將時間都花在對他人品頭論足，他們將無法走得太遠、無法真正過一個美好的人生。

♥試圖取悅大家是沒有用的

當你不斷地追逐，想要滿足大家的需求，你會發現你永遠都追不上。最後，你不但無法滿足他們，連自己也不行。

我希望你能看見，自己的許多行為只是為了能夠被其他人接受。然而，想要好過一點，維持內心的平穩，適度的自私是必要的。我們絕對無法滿足身邊所有人，所以根本就不用去嘗試這麼做。放棄取悅大家的想法吧！你只需要開始取悅自己。

身為一位助人為樂的人，我發現無論怎麼做都無法讓所有人開心。我曾經在一週內收到上百封求助的電子郵件，希望我能夠幫忙解決問題。很自然地，我十分願意為他們效勞。

有些人的信長達兩千多字，而我不願敷衍了事，每封也都紮紮實實地認真回覆。不過，從看完信到寫完回覆也十分耗神費時。

由於我無法線上回覆所有的信，有些人則認為我忽視他們而感到生氣，這讓我很難受，認為自己該遭受懲罰。即便我手頭上有更重要的事情該做，我卻繼續花了不合理的時間來處理這些信件。

這排山倒海的壓力讓我認知到我無法取悅所有人，所以我更不該試圖這麼做，也不該這麼自責。我應該優先處理完自己的需求，所以我後來做了些調整，再也沒有回頭看了。

如果你恰好也置身一個習於論斷的社群裡，你應該能感同身受。小時候的我就被灌輸從事某種職業才算是出人頭地的觀念。如果我成為醫生，我才會被其他人視為聰明、有錢且有愛心的人。

然後，就算我成為醫生，這些人還是不放過我，繼續對我品頭論足。就像是我日夜都在工作，所以到了三十歲還單身，但單身的狀態意味著我哪裡不對勁。如果還沒買棟房子，一定就是有財務上的困難。假如我是醫生，擁有一切但沒有孩子，就代表我有不孕的問題。社群就是如此，總是有人會放大他們所認為的缺陷。

由於我根本不在乎他人的評論，我就會被誣陷為自大固執。就是這種論斷信念的延伸，才會讓這些人直接用這些想法來替我作結。

富有建設性的評語對一個人的成長是很有益處的，然而使我們垂頭喪氣的摧毀性評語，卻沒有任何正向的目的。這些欺侮及評論都是打著「給你意見、回饋」的名號，根本不值得你理會。

♥讓正能量保護你，負能量的人自動遠離

負能量的人對正能量過敏。讓正能量滿格，他們就不想接近你了。

當我下定決心，想要用正面的方式過我的人生後，我先戒掉不健康的習慣，然後盡我所能地擁抱正能量。我才發現，有些原本走很近的人竟然不喜歡我這樣，他們寧願我回到舊有的模式，要我繼續抱怨發牢騷、恣意批評，抱持暴戾之氣。

就好像是我的態度對他們而言過於正向，所以我被貼上虛偽的標籤。我也可以理解，畢竟我從整天埋怨的狀態，變成一個不放過任何機會，在生活之中找出美好的人。以情緒面而言，這完全昇華到另一個頻率。當你與他人的情感共鳴越來越少，你對他們的真實感就越來越弱。這也是吸引力法則，你們之間的距離讓彼此都不太舒服，因為已經無法共振了。這似乎也是一種跡象，讓你知道該遠離哪些人。

嶄新正向的我很明顯地把某些人推開了。就算被別人用不禮貌的方式對待，我也能以德報怨，完全不想回應對方想引起的鬥爭。他們也會默默離開，因為無法從我身上得到他們所想要的回應。這對我而言是個好消息，因為這些人往往都處於比我低頻的狀態，也沒有試圖提升的意思，沒有人想要離開憤世嫉俗的舒適圈。我們的能量無

法匹配，所以就慢慢地從我的朋友圈消失了。我甚至也不用主動遠離，因為他們自己就會這麼做了。

♥勇敢離開有毒的職場環境

無論你願不願意相信，你人生的目的並非是要一輩子困在一個不喜歡的工作裡。

當某一條路是以謀殺地帶聞名時，你一定會想盡辦法避開走這條路，因為無論你的心境如何，都會讓你冒著出事的極大風險。

舉一個不那麼極端誇張的例子：如果你受邀去一個慶生會，而你知道有位愛口頭上攻擊你的人也會出席，你可以選擇不要去，避免自己的情緒被干擾。你的出現只會讓這個人有機可乘，大肆作亂。

不過，還有其他類似有毒的場景卻沒這麼容易避開，其中一個最常見的就是職場環境。有人讓你工作上生不如死，但你還是得硬著頭皮上班，無法留在家中。

我有過類似的經驗，就是之前提到過的那位新上任的主管。當我現在回頭看時，我不會怪他當時的反應，他也有自己的人生要面對，有直屬的上司要回報，而我畢竟也不是最佳員工，根本沒有任何心思放在這份我不喜愛的工作上。

即便我當時很感謝擁有這麼體面的工作，種種跡象還是告訴我必須要離開那裡，並且去追求自己的夢想。我當時也知道，自己渴望向全世界散播更多正能量，幫助他人過上更美好的人生。因此，有一天，我鼓起巨大的勇氣離開我的崗位，直接轉向未知的未來。

當時的我財務上並不寬鬆，沒有太多的存款，所以真的是冒了極大的風險。有些人會認為我膽子很大、很有骨氣，也有人覺得我太單純。辭職後，我每一天都帶著感恩的心起床，雖然在經濟上有些小負擔，卻不足以影響我所找到的平安。很快地，我追隨內心的熱忱，架了一個生活風格的部落格，開始分享我個人成長的路程。

我從沒為我的選擇後悔過，也很感謝重生前一路上所遇到的困難，像是做錯誤的工作，這道傷疤賜予我更多的智慧，讓我能夠為自己及他人創造出更美好的未來。然而，人往往會困在勾心鬥角的職場中，讓自己的心智狀態變得很不健康，也因此影響到個人的福祉。

放下一份令人無法得到滿足的工作非常困難，而且在大多數的情況下，財務狀況會逼迫你無法設下停損點，採取相對應的行動。我們都渴望獲得安全感及舒適感，畢竟未知往往讓人不安害怕。不過，有工作也並非能夠得到百分之百的安全感，即便你一直待在自己的崗位上，你還是無法掌控薪水、加薪、升遷以及任何其他跟工作相關的事務。

當你意識到自己值得更好的工作，而非困在有毒的環境時，請大膽地往前邁一步吧！你不需要急促地進行，只是要知道當你停留在有毒的環境太久時，你的人生就會不停地遭受破壞。

Part 4

接受自己，拿回你的人生主導權

♥前言——允許成為自己

你不會是他人心目中永遠最重要的人，所以你必須成為自己心目中最重要的人。學習享受陪伴自己，照顧自己，用鼓舞正向的話語跟自己談心，讓你能夠成為自己最大的支持者。你的需求很重要，所以請正視它們。不要依靠任何人。

曾經有人問過這個問題：「如果我請你把所有你最愛的人事物列出來，你覺得你會花多久的時間才會提到自己？」

這個問題時時刻刻都提醒著我，大多數的人都無法做到自愛。這是社會上很普遍的一個問題：我們被要求將他人放在自己之上。

你必須要學習如何有效地與他人互動，讓他們喜歡你，你才能得到自己的目標。但是，這裡有一個更深層的問題：**你愛自己嗎？**

我們學會在乎別人對我們的感受和觀感，卻從沒專注自己對自己有什麼樣的感受。這造就大家只會取悅別人、討別人歡欣，但內心深處卻沒有被滿足，因為我們其實根本就不喜歡自己。

你必須承認，當你的天賦被看見，工作得到回報，成就贏得了掌聲，樣貌被他人欣賞，這些都是我們存在被認可的時候。我們受寵若驚，感到被愛，也覺得自己很重要。這樣的人生真的很不錯。

然而，這會讓我們永無止境地背負取悅他人的責任，這樣才能證明自己存在的價值。我們購買不需要的物品，為自己創造出財務壓力，這樣才能讓那些完全不在乎我們安好的人留下深刻的印象。我們改變自己，只為了能夠擠入某些團體，而非活出自我，改變這世界。我們修改原本天然的美貌，去迎合社會的期望。為了完成無數個外在的目標，我們扼殺了自己的靈性成長。

愛與善的力量很偉大，分享這份力量足以改變這世界。然而，我們也必須回過頭來用愛與善來滋養自己，而不是改變原本的自己。請讓自己感受一下自己的好，先轉變自己的世界，才能學會改變周遭世界的能力。

如果無法給予自己善意與尊重，我們會失去安全感，進而影響我們的自信、態度及健康。這樣的結果導致人們很難以想要的方式表達對他人的愛，然後又反過來影響本身所**接受到的**愛。我們往往喜歡跟那些優雅接受自己的人在一起，還有談戀愛。所以，自愛是建立穩定強大關係的重要元素。

我們來談談一位年輕的女孩綺拉。她缺乏自愛的能力，因此對於她與伴侶特洛伊的關係很沒有安全感，因為她認為自己的樣貌與特洛伊的女性朋友比起來有很大的落差。而從特洛伊的角度來看，她在伴侶面前的表現缺乏尊重與信任感，會查閱他的手機及私訊。即便他們是真的愛彼此，卻因為綺拉缺乏自愛而陷入掙扎。她的行為舉止漸漸地影響到特洛伊的身心健康，他甚至認為綺拉會這麼做是因為她不夠愛他。如此一來，他的自尊心也受到打擊，整個關係每況愈下，直到兩人分手告終。

當你如實地接納自己，你會關心自己的身心狀態及快樂，而且也能接受並非所有人都會接納你。然而，你很清楚自己的價值，所以就算得不到他人的認可也無所謂。而且，你還會了解**為什麼**這些人無法給予認可：很不幸的是，大多數的人都無法接受自己，所以也會在他人身上放大缺點。

我們回到了原點：無條件愛自己的重要性。

下一章節的想法能夠讓你意識到以及了解為什麼自己會抱持著現有的信念，看見才能對人生進行有意義的改變。個人成長之旅將引導你走向自我接納，將喜樂帶進你的世界。

♥你對自己的外貌感到自在嗎？

願意照顧自己的外在是一件很棒的事！我們應該為自己的膚色感到自在。照顧自己的身體也是一種健康的習慣。擁有一具健全的身體是一件很不可思議的事情，是大自然完美的倒映。

無論你是否相信有神的存在，當這個世界被創造出來的時候，並沒有任何規則或指令來規範人類的外在美。沒有這回事！是人類自己創造出這些想法，如今也經常被主流媒體引領及操控。

唯有練習自愛，才能真正認同自己的樣貌，而我也必須老實說：這很難！各個媒體平臺都在操縱我們的不安全感，讓我們總是認為自己相形失色。媒體不斷地播放各種符合社會標準的外貌及身材，而我們自己也很清楚這些形象都是經過編輯或篡改，好讓他們灌輸我們某些想法、產品或者夢想，卻很容易忘記事情的真實面貌，讓他們放大我們自信心的問題。

我們會根據「完美的身材」來定義自己的身體缺陷，外在不斷地灌輸我們美貌的概念，而如果我們不帶點懷疑就全盤接受這些概念，這些源源不絕的訊息會潛移默化地在腦海中定義美麗的內涵。只要與標準不符的美貌都會被視為缺陷，讓我們習於批判，用該基準來評估所有人的外在美。這不僅影響我們對他人的看法，也影響我們對自己的看法。

我在工作上很幸運地接觸到許多年輕人，有些人有大批的追蹤者，有些則是平凡的青少年。我認識了一位頗具知名度的網紅，發覺這位女孩因為暴漲的知名度而招致許多人的憎恨，這讓我非常難過。她在社群媒體上放了許多自己天然的美照，內在卻埋怨自己的醜陋。在大眾的批判及醜化的壓力下，她選擇做醫美手術，讓她能夠保持自己的形象。

但這恨意仍不斷滋長。一開始，大家的評判是針對她的美不符合社會標準，後來她又因為試圖改變樣貌遭受到更多批判。這不難理解：你就是無法滿足所有人對於美的定義。

我也曾跟一名喜愛這名網紅的女孩聊過，她承認自己會因為與她的偶像相比而感到慚愧。因為這樣，她也承認自己曾經對別人很不禮貌，不斷抨擊其他公眾人物，只因為他們的美貌不如自己的偶像。我指出，由於有許多類似的評語，讓她的偶像逼不得已地必須進行醫美手術。

千萬不要讓社會所定義的美降低你的自尊心。
美醜無規範。接納以及愛如實的自己，
擁抱缺陷，對自己的膚色感到自在。
請穿戴你的不完美，它不需要追隨任何時尚的潮流。

網路上充斥著負能量的文化，也波及到我們所喜愛的名人身上。經常性地用一個人當作標準來比較，會讓你陷入消極和無情的漩渦內。

不要讓社會規範的外在美觀念來剝削你存在的價值。完美底下往往是缺乏安全感以及想要變得更有自信的渴望，不然就是要販售你某個東西。你想想，如果你能夠如實地接納自己，有多少商人會失業呢？

你牛仔褲的尺寸無法定義真實的你。

膚色不行。

體重計上面的數字不行。

臉上的疤痕不行。

他人的期望也不行。

他人的評語更不行。

你個人的美並非是為了他人，如此而已。這不代表你比其他人類不美，畢竟完美是一種主觀的視角，完全取決於一個人的看法。驕傲地穿戴自己的「不完美」吧！這才是你與眾不同的標記，要好好地珍惜屬於自己的美。

但是，如果你真心想要成為其他人，你也絕對不是唯一一個這麼想的人。你並不孤單。然而，當你能夠認同及接納自己的獨特之美，你將能活出一個真實的人生。驕傲地成為自己吧。接受自己的人能夠鼓舞整個世界，而你可能就是其中一個。你能夠向這個世界示範，你是如何透過自我接納來迎接喜悅的。

♥只跟自己做比較

請忽視其他人的所作所為，這是你的人生，不是他的。別把專注力放在他人的途徑，專心走自己的路。這裡才是你人生之旅的起點。

與他人做比較往往是傷心的源頭。我必須承認，我也有好幾次因為做比較而讓他人偷走我的快樂，甚至還讓我覺得很羞愧，因為我的人生不如我身邊其他人那麼地吸引人。我記得，我在求學的過程中很少邀請朋友到我家，因為我覺得家裡的大小與其他條件搬不上檯面來。

在這世界上，你很難不做比較。在某次冥想靜坐的過程中，我忽然想起小時候所參加的婚宴。當時的我差不多十歲，正在加入其他小朋友的遊戲。有位稍微比我大的男孩總是在決定我們該玩什麼，他似乎就是團體中的孩子王。

突然間，大家不知道為什麼停止玩耍，然後這位孩子王就開始打量我們幾個人的穿著。他自己則是盛裝打扮，身穿昂貴的設計師品牌。

他開始對其他小朋友的穿著品頭論足一番，而我內心也十分不安，不希望他走向我來。我的衣服十分廉價，但我不希望他在大家面前嘲笑我，說我窮酸樣。這會讓我自慚形穢，畢竟我也因為家境問題而沒有什麼安全感。

幸運的是，中間大家忽然分心了一下，我就沒有被叫出來批評。然而，被用窮苦來評論我的人生一直都是我內心的恐懼，如影隨形，長大後還變得更嚴重。在學校的便服日，如果沒有穿名牌衣往往都會被欺負。

我不確定我的媽媽是如何用最低薪資將三個小孩拉拔長大，確保我們不會因為一副窮酸樣而被羞辱。不過，就算我有 Nike 球鞋，也都是最便宜的那一雙。我常常會望著其他小朋友腳上的昂貴球鞋，感覺自己又窮又沒價值。我好想要他們所擁有的，這一刻讓我明白自己什麼都沒有，什麼都不是。

小孩通常是因為父母才學會比較，他們總是希望孩子擁有最好的，所以他們會讚賞其他小朋友來激勵自己的孩子。例如，他們會說：「莎拉總是考滿分，她真是聰明，未來一定大有可為。」

父母並非惡意，卻可能損害孩子的潛力，特別是在他們的成就都一直得不到讚賞的狀況下。如果直接做出比較，小朋友會認為自己比較低等、無價值感。這些話就像「你應該跟莎拉一樣聰明。」特別地有殺傷力，也讓孩子永遠記得自己不夠好。

各大品牌的行銷廣告總是量長較短，如果沒有蘋果手機就不夠潮，沒有藍寶堅尼就不夠成功，沒有穿 A 咖藝人的衣服就不夠炫。這種暗示都是用狡猾的手段置入在行銷策略裡，利用恐懼和自卑感掠奪每個人。

真要做比較，我們也總是跟比我們好的人比，而非望向比我們慘的那一群。因此，我們永遠學不會感恩自己所擁有的一切。

你可以從他人身上找出鼓舞自己的靈感，但靈感及妒恨是兩回事。

社群媒體的興起也逐漸出現了不少問題。青少年與成人都嚴重地沉迷於此，無法辨識社群媒體上所呈現如玫瑰泡泡般的假象，並非現實樣貌。事實上，他們是與虛構的假象在做比較。

我認識幾對情侶在關係破裂前，還頻頻地在線上貼出曬恩愛的照片，根本無從察覺他們的變化，而這樣他們也不會受到指指點點（當然，沒有任何情侶會喜歡分享吵架、爭執的內容，也沒有人會在爭吵中時說：「等一下，我先把我們拍下來。」）。大家只會留下讚美的言論，認為這對情侶好夢幻，也希望自己可以跟他們一樣。又是在比較了！他們根本不了解照片背後的真實狀況，沒有人可以從一張照片窺視、理解全貌。

與虛擬世界的人事物比較真的是一種浪費精力的事情，大家只會展現自己看起來很有魅力、開心、成功的樣子，而不是疲倦、害怕或者寂寞的當下。

相同地，我也知道有些螢幕情侶是以圖利為目的在製造這些假象，比方說，建立自己的公眾形象。他們在螢幕前顯得特別恩愛，螢幕後卻是另外一回事。更何況，這些照片還可以販售出去。

如果有人特別喜歡分享自己美好人生的圖像或影片，你要記得，這背後也不知道有多少故事在裡頭。每次的成功都是用血汗及淚水來換取，即便是時常公開恩愛照片的情侶，背後可能也有拋家棄子、家暴等故事。你必須要先淘汰五十張照片，才能得到一張完美的形象。

我也曾遇過在現實及虛擬世界中反差很大的人，他的現實樣貌被濾鏡及鼓舞人生的名言所掩蓋，讓一切看起來很美好。我們心知肚明，卻也過目即忘。

大家都喜歡追逐社群媒體上的讚、留言以及追蹤人數，才能得到短暫的價值感。當我們在社群媒體與他人互動時，我們的大腦會釋放多巴胺，這是一種讓人感覺良好的賀爾蒙（會使人上癮）。你是否有察覺到，這些人往往是在用社群媒體來填滿自己的空虛，因為他們不懂得自愛，而你還用自己的人生與他們的做比較？

這與他人在網路上的所作所為、分享無關。這也無關他們現在或者未來的可能成就。這裡只有你自己，你只需要與自己較量。比昨天的自己更進步才是你該設下的每日目標，過去的你才是你該做比較的對象。想要成為美好版本的自己，你必須全神貫注地活出自己的人生，達到自己的目標。

與他人競爭只會退步，而非進步。

所有人的旅程都是獨一無二，你絕對會擁有屬於你自己的路徑。我們每個人都照著自己的步伐，在不同時間點抵達不同的階段。有些人或許已經來到人生巔峰，而你還在蓄勢待發，這並不代表自己完全沒有機會在舞臺上發光發亮。

當你看見他人的成功時，請為他們歡呼，然後繼續走自己的路。為你所擁有的一切感到感恩，也回頭看一下自己，感謝自己，因為你也正在朝著夢想的方向前進。

♥珍惜自己的內在美

你有聽過有人被稱讚他很美，是因為他的思維或對待他人的方式嗎？應該很少吧！大部分都是在誇獎一個人的外在樣貌而已。大多數的人都是為了比較表面的理由而將他人標為「美麗」，而很少注意到其他人的內在美：無條件的愛與良善。很遺憾的是，這些內在品質對於追求膚淺成功的人來說並不有趣。

因此，人們往往為了迎合大眾對於美感的信念而改變自己的外貌，卻很少人會改變自己的思想與行為。

如果我們能扭轉這個現象，讓更多人稱讚良善之人很美麗，這樣應該會有更多人願意去改變自己的內在。美不該只停留在外表而已。

當你被某些人的外在所吸引時，並不代表你非得花時間和精力在他們身上。這些人的心與靈魂也必須讓你覺得很美。跑車沒有引擎也無法前進，就好比一位外貌姣好卻沒有愛心的人。在人生之中，如果你們無法共享一些內在價值的話，將會很難共同並進。

外在美只能滿足外在需求，而真心誠意才能滿足你的心靈。

真正的美潛伏在肉眼看不見的深處，在皮膚之下。外在美終究會有變化，但內在美卻可以延續一輩子。你的價值存在於此，所以你必須費點工夫來打造自己的人格品德。畢竟，你能用錢讓自己進行醫美改造，卻無法買下全新的人格。你的外表或許可以吸引到很多人，但你只能憑藉內在去留住一個對的人。

♥經常為自己的成就歡呼

我們將成功等同於有名、有錢、有昂貴之物。然而，將自己拉出谷底也是一種成就。別忘記，你沒有放棄自己的每一天，你所安然度過的每一天，也都是一種成功。

你知道你每一天都在為自己成就美好的事物嗎？你可能不會這麼想，因為你的目光總是放在你下一件要做的事情上。而且，你現在所達成的很多事情都是你過去所夢想的，只是你當下並沒有意識到這件事情正在發生，要不然就是事情發生得太快了。

雖然我們也不能安於現下的成就，讓我們變得自滿且不願再進步，但是任何成就都值得我們為它歡呼慶祝。不然，當你回頭看自己的人生時，好像會沒什麼意義。要真是如此，你的人生應該不會有任何變化。

我們對自己過於嚴苛，只記得我們所犯過的錯，而非所造就的好。這狀況應該挺熟悉的吧？如果是這樣的話，代表你自我批判過度了。

你應該時不時地拍拍自己的背，因為你做了其他人認為做不到的事情，甚至**你自己**也沒想過的事情。為自己感到驕傲，因為你好不容易才走到今天這個地步。當你認同自己的努力時，這會帶給你更多的滿足，並且提升你的頻率振動。

♥崇尚自己的獨特

你的獨特性是一種祝福，不是負擔。如果你試圖變得跟其他人一樣，你的人生也會跟他們的差不多。盲目地跟從大眾只會讓你也變成他們的一部分，讓你無法出眾。走向同樣的途徑，也必然看見相同的風景。

小時候，大人總會告訴我們每個人都是獨一無二的個體，不需要為做自己感到羞愧。大家都鼓勵我們盡情地說出最異想天開的夢想！但是，當我們長大之後，這種可能性似乎也逐漸萎縮。他們會說「對，你可以做自己，但不是那樣！」或者「你確實可以做任何事情，但**這**才是正確的道路。」

在心理學上，「社會認同」這個概念是指人們喜歡隨波逐流的傾向，當其他人都這樣做時，你就認為這才是正確的做法。你可能沒有發現，他人的影響對自己是很有威力的。例如，如果前面有兩家新開的酒吧，人多的一定比較好玩，而沒有人的應該很爛。然而，大家都在做的事情**並非**是絕對性的正確。奴隸制度曾經合法，但現在被批評為不人道、丟臉和不道德。

請開始質疑自己的所作所為吧！你為什麼會這麼做？為什麼會做出這項選擇？你

是因為認為這是正確的才這麼做，還是在附和著大眾？如果你有覺察他人的意見正束縛著你的行為，你要明白，你是放棄了對自己人生的掌控。無法掌控人生意味著無時無刻都在恐慌，接著掉入低頻的狀態，例如焦慮。最終，你根本無法享有喜樂，因為你將主宰權交給了他人的想法。

恐懼和匱乏通常被用來控制整個社會。我認識很多人，他們沒有過自己選擇的人生，而是過著別人用善意指導和支持所規勸的道路。當然，這些人都希望**給**你最好，卻**不清楚**什麼才是對你最好。而且，他們許多決定大多基於恐懼，而這份恐懼也不是他們自己天生擁有的，而是從他人身上傳承過來的。

然而，你不該為了得到他人的認同而接受他人的信仰系統，你不該認為自己必須迎合他人的期望，活出他人想要的樣貌，你也不該羞於去做真實的自己，不該羞於展示自己的獨特性。人生並沒有這麼多限制。

事實上，無論你怎麼做，活出自己或他人所期望的人生，你都會遭受到批評。

曾經有人說過，老虎並不會因為綿羊給的意見而失眠，牠不會被由順從社會規範的動物所給的批判所左右，綿羊只會不斷地尋求認可、隨意地改變方向，進而失去自我意識。因此，綿羊群永遠都走在迷途之中，甚至遭逢不幸。

你可以選擇聽取大眾，
也可以選擇傾聽自己的靈魂，
站上自己的舞臺。

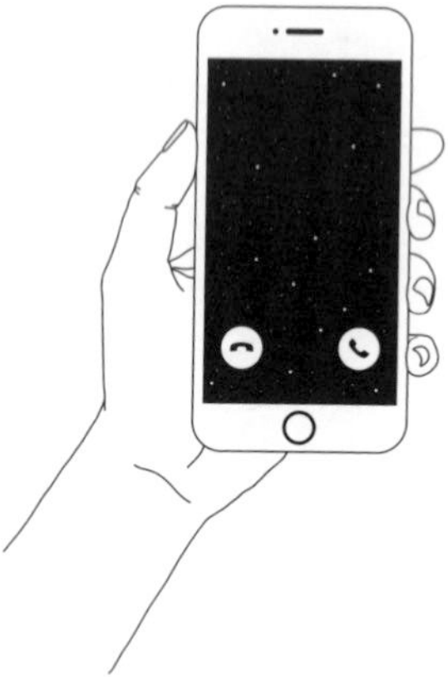

大聲地說出「絲綢」（silk）十遍。

現在，我問你：乳牛喝什麼？

你是說「牛奶」（milk）嗎？

如果你確實這麼說，代表你落入一種名為**促發效應**（priming）的心理學技巧，我先灌輸你某種特定的答案，即便這不是正確的答案。另一個例子是：我告訴你，我曾經在一個不知名的地方迷路了很久，也不知道怎麼離開這裡，然後要你做個填空「＿住」。你很可能會填「困住」而非「居住」。

促發效應能夠在你還未發現連結之前先提供線索給你的大腦，所以你確實可以讓其他人在未知的狀況下，被灌輸某些想法，讓他們執行某些動作。行銷公司基本上都慣用這個手法來提高銷售。

發自內心的行為舉止微乎其微，往往都是基於他人的建議。我不想讓你陷入恐慌，但我們確實很容易被內建某種程式，好讓我們去滿足他人或財團的需求。

別因為想要符合大眾期望而讓他們約束你的個性。好好擁抱自己的獨特性！別人都說你怪嗎？太棒了！這是因為大部分的人都活在幻想盒之中，你根本無法擠進去。

我們誤信自己若不符合社會的條件，就是自己哪裡不對勁！誰會想被困在這盒子內呢？絕對不是我！自由是無拘無束的！

身為一個個體，我們能夠一直進步、成長，踏出原本的舒適圈，繼續自我挑戰。

然而，這個社會誤導我們，做回自己是錯誤的決定。

你只是享受靜謐的時刻，他們卻說你太安靜。

你只是不愛與他人爭鬥、不想捲入任何麻煩，他們卻說你軟弱。

你只是對某件熱愛的事物充滿熱忱，他們卻說你執迷不悟。

你只是不想參與社交活動，他們卻說你沒禮貌。

你只是尊重自己的意見及想法，他們卻說你過於自大。

你只是剛好不是外向的人，他們卻說你無趣。

你只是有不同的信仰，他們卻說你大錯特錯。

你只是不愛亂嚼舌根，他們卻說你害羞。

你只是不願隨波逐流，他們卻說你怪異。

你只是盡量讓自己保持正向的態度，他們卻說你假惺惺。

你只是享受與自己相處，他們卻說你是獨行俠。

你只是想選條不一樣的路走，他們卻說你迷失了。
你只是喜愛追求知識真理，他們卻說你是怪胎。
你只是沒有明星般的外在，他們卻說你醜陋。
你只是沒有走學術界，他們卻說你笨。
你只是擁有不同的想法，他們卻說你瘋了。
你只是了解物有所值，他們卻說你廉價。
你只是不想靠近負能量的人，他們卻說你不夠義氣。
他們想說你什麼，就隨他們去吧！你不需要扮演他們想要你扮演的角色，只要選擇你想在這世界扮演的角色就好了。

放下過去，寬恕自己

請原諒自己曾做出錯誤的決定，原諒自己曾經喪志的時候，原諒自己曾經自我傷害及傷害他人，原諒自己所犯下任何的錯誤。重要的是，你必須願意帶著不一樣的思維，繼續往前進。

你多常會因為自己犯錯而質疑自己的智商？你會不會問自己這一類令人沮喪的問題，像是「我為什麼不會？」、「我為什麼這麼醜？」或者「為什麼我總是失敗？」內心的聲音總是對你充滿批判，而這些問句都已經提前為你設下立場，逼迫你將問句轉換為肯定句，迫使你相信這才是事實的真面目。這是一種有效讓你灰心喪志的方法。

然而，你有責任讓腦海中的聲音多帶點善意，因為現實生活中有許多人都喜歡你垂頭喪氣，而**你**自己絕對不能成為他們的一員。如果你無法對自己好，別人也不會對你好，所以你必須修正自己內在的對話，讓自己成為人生中最強大的後盾。當你犯錯時，你沒有必要羞辱自己多麼愚蠢，而是讓自己知道，人非聖賢，下次一定會更好。

你口中所說出來的話語都是創造性的能量，針對這部分，我會繼續在下一部更深入地解說。這能量可載舟亦可覆舟，能支持你也可能阻礙你。當你用言語貶低自己時，會扼殺你自身的喜悅。

你還在為小時候所犯的錯而懲罰自己嗎？大多數的人應該是會否認，因為他們知道自己當時還小、太單純，而我們也會從錯誤中學習經驗，成為更好的自己。你現在也理應持續練習自我原諒才對。

你所犯下的每個錯誤都會幫助你成為更好的人，然而要學習經驗，首先你要學會放過自己，接受所發生的事情。吸氣，吐氣，然後放下。你是人，是人就會犯錯，所以無論錯誤的大小，你都需要在人生中繼續往前，而不是為了所做過的事情而懲罰自己。你反而更應該專注在如何運用這個經驗，讓自己變得更好。

自責改變不了什麼，下一步才是關鍵。

你是否曾經遇過某位好久不見的人，然後他一看見你就說：「你怎麼感覺長大了？」如果他在你們再次見面之前和別人談論到你，他可能會談論他最後所認識的那個版本的你：那個過去的你！

事實上，以前的你確實跟現今的你截然不同，如果他還要批評過去的你，就隨他去吧！他活在已不復存在的過去，如果他無法理解有些人就是會長大，會變成熟一點，那麼他自己也是有一些與成長有關的功課需要完成。別讓其他人拿你的過往當作攻擊你的藉口，因為這些人正在阻擋你打造美好的未來。要記得，沒有什麼是恆常不變的，這也包括你自己，回想看看你所有過往的表現和成就吧。

所以，放下過去很重要。別人可能對你做出一些你到現在都還無法釋懷的事情，你甚至可能也不太記得究竟是什麼，但這份感受你牢記在心。持續讓這些不好的感受附著在身上只會影響自己的情緒，拉低自己的頻率振動。

即便無法改變過往，原諒他人卻能讓當下與未來變得更好，因為你願意給予自己更多平和寧靜的時刻，打造內在的正能量圈。

無法原諒他人的人最終只會將自己擺在受害者的位置。你可以想像一下某位背叛你的人所帶給你的影響。一開始你會很生氣、很受傷，接著你會逐漸擺脫這陰影，最終忘記整個事件——直到你再次碰見這個人為止。過去的回憶重新在腦海中播放，因為你其實還沒原諒他。這會造成精神上的二次打擊，並可能迫使你做出破壞性的決定。

寬恕並非要原諒他人不好的行為，也不是要強迫你接受這個人，讓他回到你的生活圈。這不過是意味著，你不再允許他控制你的想法、你的情緒，這樣他才不會繼續掌控你的人生。

Part 5

改變信念，剔除扯你後腿的想法

♥ 前言——讓我們來對信念下工夫

「人只要敢於夢想並深信不疑，就一定能實現目標。」——拿破崙・希爾

處於高頻率振動才能顯化自己的夢想。感受會以同類相吸的基礎回到你身上，所以你需要掌握你在書中前幾部所學到的技巧，這很重要。

然而，毫無疑問地，你的信念才是顯化的關鍵。如果你不相信，就不可能在生命中得到見證。所以，我再花點時間來解釋信念的重要性，以及信念如何影響我們的現實人生。

♥正向思考會助你向前進

正向思考為選擇鼓舞、激勵自己的想法，而非限制性的念頭。

我深信正向思考會帶給你正向的人生。讓我們從純粹的邏輯角度分析這敘述，不帶任何靈性關聯。如果你視某物為負向，它怎麼可能同時變得正向呢？因此，一個人如何從負向的感知中，認為人生是正向的？

正向的思維勝過負向的思維。正向思考是選擇能夠支持而非阻礙我們的所思所為，進而在任何情況下帶來最好的結果。

例如，板球擊球手需要擊中六次球才能在最後一球贏得比賽。如果他內心害怕，並認為他無法打出六分來贏得比賽，他可能連嘗試都不敢，所以無法順利打完比賽。然而，如果這位擊球手選擇樂觀的想法，像是**我絕對可以擊出六分**，他會願意嘗試，至少擁有成功的機會。無論如何，擊球手當然也有可能被淘汰，但是他的心態會很不一樣。鼓舞人心的想法會創造出可能性，而消極的思維連希望都會被剝奪。

負向的想法，像是**你做不到**，會阻止你採取實現夢想的動作，因此你自然而然會離成功更遠。

正向的想法，像是**你做得到**，會讓你願意試看看，讓你擁有更多機會達到自己的目標。

其中一個想法會阻撓你，另一個則是讓你更靠近自己的願望。

深信某件事情不可能，意味著你只專注在阻礙成功的因素。我記得，曾經有位小朋友告訴我他無法在一級隊伍踢足球，所以他要放棄自己的夢想。他看著自己的人生，完全沒有任何理由讓他相信他可以，所以這件事情讓他覺得無法實現。從他目前的角度來看，這根本不可能做到。

他有一位朋友，踢球技術跟他不相上下，但他的心態卻是天壤之別。我問了這位心態較為樂觀的孩子，為什麼相信自己能夠踢進一級隊伍時，他告訴我其他足球員成功的故事。他認為這是有可能的，因為他只專注在可能性，而非不可能性。

我也是如此，透過改變自己的視角好給自己更多希望。當我以前過著顛沛流離的生活時，我也認為許多事情非常不真實，然而那些倒吃甘蔗的故事卻鼓勵我去完成看似不可思議的目標。我會勉勵自己：「如果他們都可以，為什麼我不行呢？」因此，我將注意力放在**能夠**達成的事，而非**做不到的**事。這世界上所有偉大的成就都是從可能性的想法中發展茁壯起來的。

你腦海中的每一個想法，要不是在幫助你向前走，要不就是在扯你後腿。正向思考讓你偏愛往前進的念頭，而改變思維模式、重塑信念永遠都不嫌晚，一定比阻擋自己好。

拖住你的想法絕對無法讓你向前進。

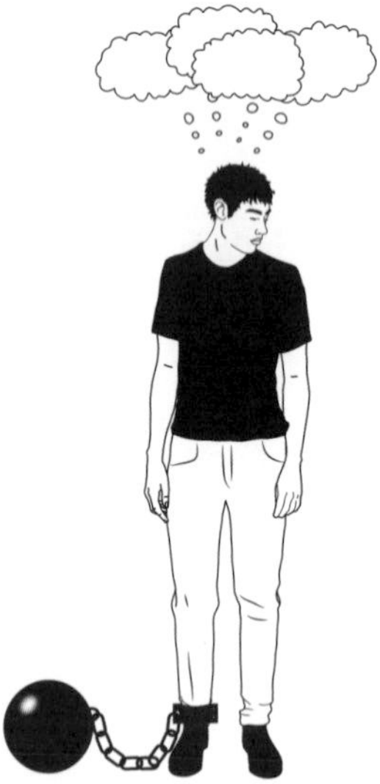

♥你的想法打造現實世界，所以你得好好「想」

「不管你認為自己行或不行，你都是對的。」——亨利・福特

哲學家伊曼努爾・康德（Immanuel Kant）在兩百多年前就指出，我們所有的經驗來自於我們的感知，包括顏色、感覺和物體，都只是腦海中的顯化。現實只是建立在個人的感知上。

你想：如果你要求一百個人用五種方式形容一塊大石頭，其他人聽到描述後，一定會認為有五百顆不一樣的石頭。

我們對於世界的感知深根於自己的信念，這些想法則是打造主觀世界的個人真理。所有人類基本上是許多信念系統的組合。信念就是對於某些事物，你有深信不疑的想法，是一種被動式的知識。我們是基於這些從生命經驗及知識所累積的信念而活。因此，所有人都活在不同的世界裡。

在個人成長中，對他人的信念敞開心胸也有所幫助，甚至願意被說服，相信有別的看法會比自己的還要準確、更能賦予力量。然而，我們也不需要因為他人更改自己的信念，而是去質疑自己的信念，你可以問：「這信念是否能幫助我活出自己想要的

人生？」以及「哪些信念是屬於自己的？哪些是別人賦予給我的？」

你的思維創造了你的現實人生。所以，下次如果有人告訴你，你的夢想不切實際，快回到現實生活來，你要明白，他們是在說自己的現實面，不是你的。

信念為看見的關鍵。如果你不相信某件事物，它就不可能出現在你的現實人生。

我們知道，根據頻率法則，當我們相信負面事物時，會隨後體驗到它。接著，體驗會強化原本的信念，讓你更深信不疑。不幸福、不快樂會顯得更真實，除非你下定決心改變你的信念。

♥培養正向信念的種子

你的潛意識需要為你的信念負責。你所感知的一切，皆為潛意識認定為真實不虛的結果。

意識思考，潛意識吸收。你的意識層為你的花圃，而潛意識則是深厚、豐沃的土壤，成功與失敗的種子都能夠毫無分別地種植在此。你的意識是園丁，能夠選擇培養哪些種子。

然而，大多數的人會將好的、壞的種子都種下，意味著限制性的意念不斷在我們的潛意識中扎根。潛意識無法辨別好壞，只會慢慢地雕塑出我們的信念。而且，充滿恐懼、妒恨以及渴望權力的人都會不停地在你的思維中滋養不好的種子，讓它們扼殺生命中的可能性。例如，你會聽到「醒醒吧！」以及「現實一點好嗎？」

如果習慣性思考深根於可憎的潛意識，這將會讓你遠離人生的真正目標。然而，當你關掉這個世界的噪音時，你會意識到，沒有什麼是不可能的。

♥重點不在事件本身，而是你如何回應

當你改變不了情勢時，就改變自己對此的感知。這才是你個人力量的所在：你要不是被掌控，不然就是由你掌握。

在成長過程中，我住在一個充滿歧視的社區。這麼說好了：如果我想要在外頭玩，小時候的我必須先與其他兩、三個小孩吵個半小時，接著再跟他們的哥哥吵另外一輪。

當他們叫囂說要我滾回我的國家時，我真的很憤怒。這裡就是我的國家，我也有權利在外面玩耍。我記得我曾告訴過自己，沒有人有權利因為我的膚色而貶低我。這樣的想法助長了我內在的怒火，讓我以為只有暴力才能捍衛我的自由，為我創造出一點空間。而諷刺的是，我其實並不支持使用暴力的手段，但當時我感覺已經走投無路了。每當我遇到帶有歧視態度的人時，我的回應總是很野蠻。這些粗暴的行為源自於我的怒火，更是面對痛苦的防衛機制。我並非是粗暴的人，即便我傷害了其他小孩，我會馬上感到自責，並且問他們是否還好。

但是，用暴力換取空間的錯誤認知很常在報章雜誌上出現。贏了一場戰爭，只會

鼓勵更多人沿用相同的方式。很快地，我不再跑去外頭玩，因為繼續爭吵下去的確很不值得。

我們的大腦很聰明。它總是想讓我們更輕鬆自在一點，不需要做太多思考（如果你是一位長期過度思考者，這聽起來應該很怪異）。大腦會根據過往的經驗中所產生的情緒，幫你在潛意識中做出決定，這是一種優化現象。就像重複產生的自動駕駛行為，讓我們可以不用特別複習開車這整個行為的過程，也不需要思考日常生活中的任何細節，就能安然地度過每一天。

由於潛意識沒有意識，它會讓我們不知不覺中陷入不良的習慣。每當我對自己所遭受的虐待做出激烈的反應時，我都感到很糟糕，而這讓我了解到**我**並非是我的反應，而是我被過往的經驗調教成如此反應。因為當時我沒有意識到，所以根本不會去質疑自己的反應。

> 你並非是自己的想法，你是每個想法的見證人。

基於這原則，我並非在想著：「我在生氣」，而是**單純地**意識到這個想法及情緒。當我開始培養自己的意識後，我才能開始做更好的決定，做出不同往常的反應。

我的經驗取決於我對事件的看法。每個事件都是中性的，而我們會幫每件事情貼上一個標籤。當**不好的**事情發生時，你可以停下腳步，觀看自己對它的想法，這有助於讓無意識的頭腦變得有意識些。請用意識取代想法。當你能覺察自己的想法時，你才能為自己做出如何反應的選擇。靜坐冥想是磨練這項技能的強大工具。

你可以看著消極的想法，意識到這不是真正的**你**，然後讓它飄走，或者你可以選擇樂觀一些的想法。例如，如果你失業了，你可以選擇想說自己沒錢沒工作，讓你更陷入絕望以及低頻狀態。或者，你可以專注在尋找另一個薪水更高的工作。後者絕對會讓你舒坦許多，也能提升頻率振動。

這是在練習有意識地過日子：放下過去所學的舊觀念，重新整頓思維，允許自己有更多的自由來成為真實的自己。欲速則不達，你必須要花時間練習，才能擁有將負面思維轉化為正向思考的新模式。

總而言之，你無須控制外在，而是要專注內在的思維，如何掌控它的回應。這會將你個人的力量交還給你，也是走向幸福的關鍵。

你的目標並非是去除負面的想法，而是改變你對它的回應。

一念之轉，結果便翻轉

你離理想狀態只剩一個念頭的距離了。

混沌理論（chaos theory）是數學研究領域，能應用在物理學、生物學、經濟學和哲學等學科。此理論指出，即便初始參數中有微小的差異，也會導致更複雜化、不可預測的結果。這通常被稱為蝴蝶效應：在亞馬遜某地區，蝴蝶搧動翅膀時可能會引起微小的大氣變化，而且在一段時間後，可能還會影響遠至紐約的天氣模式。

例如，想像一下，我們在完全相同的條件之下，從特定的位置和角度反覆發射砲彈，再加上數學和物理學的計算，就能夠得到每次砲彈的落腳處，這是可以預測出來的。但是，只要稍微有點改變，比如微調位置、角度或空氣阻力，砲彈就會掉落在不同的地方了。

同樣地，只要我們稍微改變自己的思維，往更正向的方向前進一步，願意去相信這樣的想法，我們對於這世界的認知必定會改觀，新的認知與念頭也將具有足夠的力量去改變一切的結果。

我們不能只依靠環境來創造新的結果，畢竟環境不在我們掌控之中。然而，就如上述的砲彈，你可以輕易地改變發射的角度和高度，才能讓砲彈飛得更遠、飛向不同的地方，就只在一念之間。這全都在你的掌控之中。

♥認出限制你的信念系統

一夜之間改變信念是挺不錯的想法，但行動上並沒有這麼容易，畢竟信念早已深根在我們潛意識的土壤之中。當我們不加以思索就接受某些觀念時，它們就會在往後的生活當中伴隨著我們；有些觀念的存在必定有其道理，卻無法激勵我們向上，反而阻礙我們發揮人生的潛能。

首先，第一步就是要辨識出想要改變的核心信念。例如，我以前的核心信念是：「我無法改變我的未來，所以不可能達成任何偉大的成就。」

帶著這條信念，我其實很不好受，即便我想要馬上放下它，卻也知道這只是自欺欺人而已。因為，這信念對我而言是真理。但是，我怎麼會將這個信念當成人生的圭臬呢？

當我終於與這些限制性的想法正面交鋒時，我發現這是因為以前我所崇拜的人灌輸我這個念頭。他們告訴我，我們的命運都是注定好的，而沒有人能夠做任何改變，也就是說有些人含著金湯匙出生，有些人就是沒有，而我們必須接受這事實，無須花費任何力氣試圖創造不同的可能性。他當時的描述不易讓人察覺背後的想法，而我從年輕的時候就接受了這樣的想法，身邊的人更是強化了這樣的信念。因此，我更加相信自己無力改變生命的道路走向。

長大後的我飽經風霜，我的信念讓生命更加辛苦。我認為自己根本沒有選擇，因為這風風雨雨都是注定好的。但是，我不願相信，我想要走出另一條路來。

我開始質疑內心信念的真實性，也對信念源頭的可信度抱持著懷疑。這些人確實都受人尊崇，而且周圍的人也都加以肯定，只是這些人後來都不是我想要成為的人。

在我青春期結束前，我想要有錢、有名望，所以我開始研究有錢、有名望的人，看看這些人的信念與我的有何不同。這些人的想法無極限，也特別喜歡接近正能量的人。他們會討論慈善事業、會尊敬別人、會想要維持身體健康。

在這地球上擁有偉大成就的人往往都有一些共通點。我也去研究了靈性領導者的特質，發現很多人都提到信念造就外在所經驗的人生。

我終於了解，我原先的信念不一定是錯的，只是對這些灌輸我念頭以及過往我身邊的人而言是再真實也不過的。他們生活的共同主題就是掙扎，所以他們沒有理由去相信不同的信念。上天並沒有好好地對待他們，所以在他們的認知當中，生活絕對是辛苦、艱困的。

遠離思維的限制。

別將自己囚禁在限制自己潛能的信念系統，

讓你的美夢無法成真。

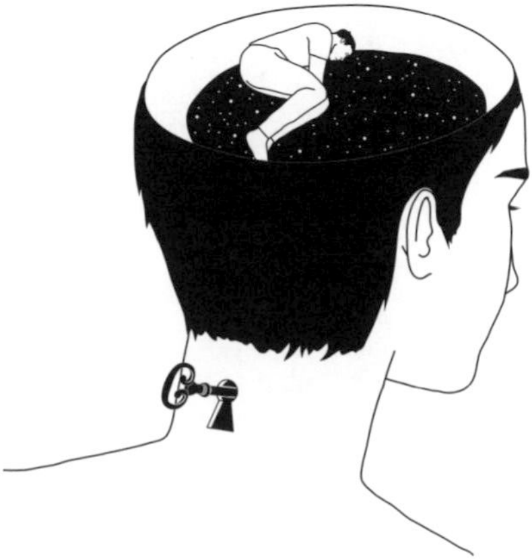

我們的理性腦不斷試圖幫我們理解周遭的生活，如果某些人的理論與我們有共鳴的話，我們就會將它視為真理。當人家告訴我生命總是有許多風風雨雨的時候，接受比質疑更容易，因為這確實很符合我的生命經驗。

信念有如看待生命的濾鏡，只能看見我們信以為真的外在事物。

當我領悟這一點時，我知道想要改變人生，必須先從信念下手。我很想知道，外頭是否也有人跟我經歷同樣的困苦後，還是能夠活出散發光采的生命。

答案是很多，數都數不清，而且有些人的困境比我更糟糕。他們的成功故事反駁了我所習慣、所相信的一切。他們就是活生生的例子，給了我一個反駁自己理性思維的憑證。當我看過越多故事後，我的決心就越堅定。

我現在能夠接受新的信念：「我可以改變我的未來，達成更好的成就。」

重點是，如果你想要改變自己的信念，你必須**反駁原本的信念**，**接著找出足夠的證據來支持你的理論**，**也就是你所想要的信念**。絕對有許多成功的故事來支持你轉化的過程。

♥重複肯定語

話語會成真，你擁有透過言語將你的真實轉變成實際事物的能力。

不要低估肯定語的力量。肯定語為正向陳述，形容著自己所想要達到的狀態。只要你以堅定的信念不斷地重複肯定語，這會在我們的潛意識深處產生一種信念，相信此陳述為真實不虛。

這在社會上很常見，我們一直以來都被灌輸某些想法，一而再、再而三地在耳邊響起。例如，有位母親經常說孩子很害羞，即便他事實上並沒有這樣的感受，但這想法卻在孩子的腦海中落地生根。因為重複性的提及，這孩子也開始接受了這個想法，往後也變成一位害羞的孩子。這位母親的話語竟然變成自我實現的預言。

這讓我想強調，周圍有正能量、能夠鼓舞人心的人是非常重要的一件事。當然，這也不是限制你只能跟說好話的朋友來往，而是要你慎選能夠支持你，而非摧毀你的朋友。

如果別人一直告訴你：你做不到，你就會相信自己真的做不到。

重複肯定語是一種有意識的行為，是在下指令給潛意識的頭腦。當這些信念被植入腦海中時，你的潛意識將會接手，讓一切的想法開花結果。這就像是在電腦輸入一些指令，讓程式跑一個流程。當編碼完成後，你的程式會自動地將渴望的結果呈現在你面前。

不過，念誦自己完全不相信的陳述會成效不彰，畢竟你無法欺騙自己。你必須回到我改變信念的例子，也就是我根本無法說服自己想改變未來、想做大事。我必須先找出**證據**，用理性的方式來挑戰舊有的信念。

你必須在開始接受肯定語之前，使用這個方法改變信念，才不會排斥這些陳述。這樣才算是有效地使用肯定語練習，而且如果你可以自己增加其他實質的內容，會賦予肯定語更大的力量。

在人生道路上維持在高頻狀態是非常重要的，更何況如果是在心情愉悅的狀況下念誦肯定語，絕對會事半功倍。無論是在什麼狀態下，肯定語都會提升自己的頻率。當你用信以為真的態度大聲地念誦時，必然會有所轉化。

你必須用自己習慣的說話模式、自己的聲調來重複這些肯定語，就好像你在跟朋友陳述一件事實。只重複正向的句子，別陳述自己所不想要的，因為我們所抗拒的會留在身邊，你極力想逃避的能量還是會反彈回來。因此，你要說「我對我所做的一切充滿信心」，而不是「我不再緊張焦慮」。所有肯定語都必須以現在式來陳述。

當你的所作所為像是渴望已經成真時，你的潛意識會相信真是如此，並且以相符的模式作為回應。

你可以自己決定花多少時間在肯定語上，每天大約兩到五分鐘都算在適當的範圍內。但是，情感的投入比時間長短來得更重要，而且你說的每一句話也必須打從內心說出來才可以。

♥明智地運用文字

文字可傷人、可助人，也可療癒人。你所說、所寫的每一個字都是有力量的。你所傳遞的訊息意義重大，要明智地使用。

一九九〇年，江本勝博士完成了前所未見的實驗，見證了情緒的能量對於水的影響[11]。在某一個實驗中，他分別將正面及負面語句放在裝滿水的不同容器之中，然後將水結成冰。

這些負面語句包含「你很愚蠢」，也有正面語句「愛」。江博士認為，如果文字為能量，而水又是吸收能量的載體，這些文字必定會在某種程度上影響水。果真沒錯。接觸正面語句的水結成美麗的冰晶，特別是在裝在「愛」與「感恩」的水。相反地，裝在負面語句的水則出現了醜陋、扭曲的形狀。江博士也發現，口頭的言語也能造成類似的結果，所以這證明我們的文字也是有頻率能量的。

我在本書的第二部有提到，我們的身體大部分是由水分所組成，所以你可以想像言語文字對我們而言是多麼具有影響力。

♥設定清楚的意念

如果不確定自己要什麼，你將會遇到許多充滿不確定性的事物。

追逐目標之前，你必須知道自己究竟想要什麼，因為你不可能在不確定下達成目標。你沒辦法去一家餐廳，然後在點餐的時候說「我覺得我好像想吃蔬菜咖哩」。你其實無法猶豫不決，想吃或者不想吃而已。

當你充滿疑惑時，結果往往都會反映出你的狀態。例如，當服務生詢問你蔬菜咖哩的辣度時，你回答他你不確定，等會兒上菜時，你完全無法捉摸餐點的辣度。如果太辣，這也是自找的，畢竟你沒有告訴他更清楚的指令。

你只是要設定正確的目標，反映內心深處的渴望，而非你認為自己**應該**想要達到的。多年來，我一直希望能夠驚豔身邊的人，而我確實也能做到，卻發現他人的反應並不如預期，無法真正讓我滿足。

你的目標必須反映你究竟是誰，必須是你日夜所思，能夠讓自己的人生更美好的

11 江本勝，《生命的答案，水知道》。

一切。追求物質也不是不行，只是當你超越小我時，這些都會成為身外之物。而且，你的目標必須對自己意義重大，像是有人希望有一棟大房子好讓全家人都住進去，能夠在裡頭共享天倫之樂。這些目標是有意義的，房子並非是要拿來展現自己的財富。

當你設定好清楚的意念時，整個宇宙會用**奇蹟**的方式幫你實現。當我們確定目標後，顯化的過程會被啟動，慢慢地以我們渴求的方式出現，使美夢成真。

J・科爾（J. Cole）是美國饒舌歌手、作家及製作人，早年從事廣告業和債務催收員。一場二〇一一年的專訪中，他說當他看完五角（50 Cent）的電影《要錢不要命》後，他受到啟發，為自己製作了一件帶有大膽宣言的短袖上衣，上面寫著：「當 Jay-Z 的製作人，不然就不要命。」在訪談當中，科爾認為自己可以走不同的路，先以當製作人的方式被其他人注意到，再來成為一名饒舌歌手。他希望找到那條前往主要目標的康莊大道，所以才製作了這件上衣[12]。

他穿著這件上衣，等待著被音樂界的人或 Jay-Z 本人發現。幾年後，奇蹟也真的出現了：他設定了目標，帶著超高水準的職業道德與強大的自信，而 Jay-Z 終於聯繫了他，與他的唱片公司搖滾國度（Roc Nation）簽約。科爾在無數的饒舌歌曲上與 Jay-Z 合作，也親自為他製作唱片。

將目標寫下來

你是自己未來的作者，將你的渴望寫下來，並在真實的人生中演出吧。

我曾經看過一句話說，寫下來的目標比較容易實現。我很好奇，所以決定研究看看。我找出所有漂亮的統計相關數據，還有許多篇將目標寫在紙上而最後確實成真的精采故事。

最有名的例子是職業美式橄欖球四分衛科林・卡佩尼克（Colin Kaepernick）。他四年級的時候，卡佩尼克寫了一封信給自己，用相當確定的口吻說自己未來會成為職業級的美式足球員，包括自己的球隊名稱、身高及體重[13]。科林不是靈媒，他只是單純知道自己的目標，也能夠準確地寫下未來的願景。而且，他的想法最終也顯化在真實人生中。

當你將目標寫在紙上的時候，你要將意念轉換為清楚明瞭的有形事物，並一筆一

12〈J・科爾專訪〉。Fuse on Demand，YouTube 頻道，2011 年 1 月。

13 賽斯勒，〈卡佩尼克在四年級的信中預言了未來〉。NFL.com，2012 年 12 月 17 日。

筆地描述細節，這樣才能幫助你專注在正軌上，而不會輕易地在過程中迷失自我。

我做這項練習的時候算是非常幸運，我曾鉅細靡遺地寫下我的目標，後來也都以與我想像相符的方式逐一實現了。我寫的方式十分特別，所以我要在這裡跟大家分享我的做法。

用鉛筆或原子筆寫下你的目標

將目標寫在一張紙上而非螢幕上，會產生我稱之為思維烙印的魔力。當你看著自己的筆跡，不斷地重複你的目標，這會讓自己的頭腦印象深刻，讓你更有力量去完成夢想。

誠實以對

你必須心口如一，用最貼近內心想法的方式寫下來。不用限制自己用「正確」的方式寫下目標，再怎麼遠大的夢想都要欣然接受。遠大意味著自己也準備好接受更多、更大的事物。

用現在式寫

就如肯定語一般，用現在式寫下你的目標，以如同目標早已完成的口吻來寫，像是「我是偉大的數學家」（當然，這取決於自己想要成為什麼）。你的潛意識會幫你選一條阻礙最少的途徑來顯化你的夢想。

抱持著正向的態度

記得，用正向的態度寫下目標：將專注力放在你想要的，而非不想要的部分。

用自己慣用的口吻寫出來

你寫下來的方式必須是用自己慣用的口吻，不需要過度矯情或者賣弄文字。只有你，你自己一個人，需要對這些目標瞭若指掌。所以，用你能夠輕易聯想的方式寫出來即可，完全不需要經過大腦就可以理解，這樣就夠了。

要具體一點

請鉅細靡遺地寫下來，當目標越明確，結果也會更明顯。記得，潛意識是根據你的指令在運作，結果會與你的描述一樣好。

如果可以的話，不用在頭腦中設下時間點。否則，如果目標不如預期時，你可能會感到很沮喪，甚至懷疑可行性，這會降低你的振動，並把你的目標推得更遠。但是，如果你是那種需要壓力來驅使你行動的人，也是可以設下一個期限，好推你一把。你可以自己決定：如果期限對你有幫助，就寫下吧！如果沒有，就跳過。

你必須對你設下的目標保有信心，而建立信心最好的方式就是從小目標開始。當它們一一實現後，你就會對大目標更有信心。

當你想好並且寫下所有目標後，請每天都大聲地朗讀一次。如果需要做些微調，也是沒有問題的。但是切記，不建議太頻繁地微調，調整幅度也不要過大，不然這會像是每一次都重新撒下種子。你必須很清楚明白自己到底想要什麼。

練習觀想：想像夢想已實現

在腦海中實現的夢想必然顯化在眼前。

觀想是在夢想還未顯化前，先在腦海中創造整個經驗或體會的過程。

全球巨星阿諾・史瓦辛格曾多次提到，在他真正實現目標之前，都會觀想自己的目標。傳奇籃球員麥可・喬丹聲稱，在他成功之前就已設想好自己想要成為哪種球員。事實上，頂尖運動家都經常使用觀想這技巧。地球上最出色的網球手之一羅傑・費德勒，也聲稱自己在訓練之中運用這技巧。他們的訓練與表現至臻完美——就在他們的腦海中。

心理學家艾倫・貝利（Alan Budley）、沙恩・墨菲（Shane Murphy）和羅伯特・伍爾福克（Robert Woolfolk）在他們一九九四年所出版的書中建議，有在腦海中排練比完全沒有在實質身體上排練會產生更好的效果[14]。當你想像一個動作時，活

14 A・貝利、S・墨菲和R・伍爾福克，《想像和實際運動的表現：我們真正懂什麼？》。A・謝赫和E・寇爾（編輯群），《在運動和身體鍛鍊中運用想像的表現》。貝伍德出版社，1994。

化的大腦模式與你實際執行該動作時被激活的大腦模式非常相似，因此觀想確實可以訓練你的大腦應對同一件事情。

觀想願望，不只能讓我們自身的頻率與所渴望顯化之事物的頻率同頻共振，也能夠像使用肯定語一樣來影響我們的潛意識。

> 大腦與神經系統無法辨識幻想與真實的差別。

我們必須利用這一點，如果大腦認為我們的想法都是真實的，我們的人生必然也會有所反映。如果你想像自己比現在更有自信，你未來絕對會變得更有自信！

超越畫面：使用五官感知

觀想並非是很單純地在腦海中創造出一個畫面，而是要超越畫面，需要加上感知，也就是所有五官的感受：視覺、聽覺、嗅覺、味覺和觸覺。

感受越細膩越好。比如你想要買一輛新車，不要只有車子的畫面。你需要坐上車，開著它四處跑。想想看自己在開新車時的感受，車子的聲音，沿途上的其他車流，在你周遭空氣的溫度，諸如此類。你必須在此時此刻充分地體驗，彷彿這件事已經成真。多加點創意，將這輛車子的亮度、顏色、聲響、大小等都帶進體驗之中，你只需要閉上雙眼，開始在腦海中創造出來即可。

你所創造出來的場景必須使你感覺良好，你的想像力也得燃起正向的情緒感受，而這需要集中的注意力。記得，要在一個安靜的地方觀想，使你可以遠離各種干擾，用放鬆的姿態進行。

在運用這技巧的過程當中，當我身上開始出現刺麻感時，我就知道這是正確的方向。也就是說，我開始感受到這一切真的在發生，讓我興奮不已。

假如在腦海中觀想有點困難，有些方法可以幫助你。最近很流行夢想板：將你希望顯化的事物的圖片剪下來，拼湊在一個板子上，這會讓自己的目標更明確。你也可以把夢想板擺在家裡明顯的位置，讓你能夠專注在自己的意圖上。

我喜歡做夢想板，同時練習觀想。但是，我並沒有一個實體的夢想板，而是從網路上收集不同的圖像，放在一個個人網站，每天花一點時間瀏覽。這方式對我而言很有效果。我從一個很熱門的夢想板平臺 Pinterest 中抓了很多圖片，讓我成功地用夢想中的方式向我的人生伴侶求了婚。

在我青少年的時期，我有一陣子將製作音樂當成自己的嗜好。那時候我很崇拜一個叫做「硬派份子」（So Solid Crew）的團體，當時真的是轟動樂壇。我將他們的標誌印在鉛筆盒上，這樣在上課的時候，我就可以做點白日夢，幻想自己哪一天會跟他們合作，一起創作音樂。

過了一兩年，團體中有一位名叫 Swiss 的成員出了一張專輯，叫做《Pain ‘n’ Muziq》，當時的我為之瘋狂，從早到晚都在聽這張專輯的曲子。這音樂迷幻到讓我認定自己未來一定要和 Swiss 一起創作出很棒的音樂。

很奇特的是，在這之後不久，透過音樂藝術家兼我的導師克萊夫，我確實有了與 Swiss 合作的機會。他們兩人碰巧是朋友，之後我們三個人合作了幾首歌，而且我最後也真的單獨與 Swiss 共事了！

♥相信整個宇宙都在支持你

不用擔心夢想如何成真，不然你只會想到各種限制。你只需要確定自己所想要的，而整個宇宙就會為你安排好。無論你現在走在什麼路上，宇宙都會支持你，在各處設下暗號，幫助你抵達心之所向。

十三世紀的詩人魯米寫下：「宇宙不在你之外，看看自己的內在；你已經是你所想要的一切。」魯米也可能認同，當你認為自己無法觸及宇宙時，是因為你尚未與它的頻率調和。宇宙早已存在於你的體內，但當你不夠高頻時，你是無法看見它的。然而，你能夠透過文字、行動、情緒以及信念讓宇宙出現。

宇宙會幫助我們創造，或者將可能性帶到我們的現實生活中。它會給你一些指引，傳遞可行的想法。不過，這也要看你是否願意做出回應。

你可能決定自己的目標就是當一名自雇工作者，做一些自己喜歡的事情。有一天，突然有個很特定的想法冒了出來，像是在網路上販售自己的食譜。如果你不加以思索，你也不會有任何行動，就讓這個想法流走。

幾個星期後，你可能會一直看見部落客不斷地分享他們的食譜，這看似巧合，你卻還是忽視這些跡象，繼續把精力投入在其他領域上。當你有跡可循卻選擇忽視它們時，你可能會錯過你想要的一切。有時我們會這麼做，是因為我們認為，我們必須用某種特定的方式才會達到目標。

我原本最想做的事情，是用自己的創意來改變這個世界，當然還有過上舒服的日子。我原本以為唯一的途徑就是服飾業，但當我放下這該**如何**發生時，我發現自己也開始嘗試其他的想法。那些看似無意的想法竟然引領我走到現在的這條路，使我相信這股力量，知道它也會將我帶到更貼近夢想的所在。

這幾天，我到處都看見吸引力法則這五個字，大家都以為自己能夠毫不費力地就能讓夢想成真。然而，他們不知道要先從思維上轉換，讓想法冒出來，讓宇宙所傳遞給你的靈感有機會顯化。宇宙正推著你說：「走這條路吧！試試看這個吧！」

沒有行動支持的意圖都是紙上談兵，你需要有意願去追求，才會讓目標在生命中顯化。宇宙當然站在你這一邊，但你也必須扮演好自己在顯化過程中的角色。

Part 6

採取行動，夢想顯化唾手可得

前言——準備好踏出一小步

這與你所身處的位置無關，而是在你所身處的位置上你做了什麼。

我相信為了夢想你必須採取行動，為自己的目標賦予動力，但不需要與跨出大步畫上等號，你也可以像小寶寶一樣小步、小步地向前走，只要盡了全力就好。

如果我想要成為全世界最偉大的音樂藝術家，我不需要馬上售罄小巨蛋的票，但我可以從創作一首曲子開始。這就是往正確方向的一小步。

同時，這會是我嘔心瀝血的創作，無論是曲調上，還是演唱的部分，都會修到我滿意為止。或許我必須要花額外的時間來做這件事情，學習新的技能，但這都是我對未來、對夢想的投資。

很多人都會準備好一套藉口，解釋為什麼無法達成某些事情。他們經常會提到自己的疑慮，說自己沒時間、沒能力、沒資源、沒錢等。但是，只要是夢寐以求的事物，你絕對會願意在別的地方做些妥協或犧牲，只為了讓它成真。夢想，不一定需要大把的空檔時間來完成，也不一定要有錢、有資源。你需要一個願景、一個信念以及十足的承諾。這樣一來，你絕對會找到方法開始。

我們或許不願犧牲目前生活的安好，不願承受辛苦來換取我們想要的結果。我們不願跨出舒適圈，所以一邊抱怨，一邊接受自己的平庸，而目標依舊遙不可及。我們都會說：「我還沒準備好」，但是你什麼時候才會準備好呢？理查・布蘭森爵士在學校被診斷有閱讀障礙，十六歲時輟學，然後創辦了一本雜誌。在大多數人的眼裡，他可能永遠都不會「準備好」，但他就是有這個動力。

他對於飛機一無所知，卻成立了維珍航空。他的淨資產總額令人難以置信，而且維珍集團還擁有四百多家公司。一直到現在，他與十六歲的自己一樣活力充沛。雖然他並非一路順遂，也有遇過不好的買賣，但是他永遠相信自己的眼界，並且願意付諸於行動。

♥有行動，才能改變

我曾經負債累累，需要一筆錢來還清債務。當時，我只專注在調高自己的頻率，讓自己處於愉悅的狀態。我完全沒有採取任何行動，只希望那筆錢自動出現。

在這段期間，我在一場線上競賽中贏到一支錶。以前的我很少會玩這種競賽，因為過去從來都沒贏過任何東西，但那天我感覺狀態不錯，就去參加了。我很感謝自己有贏得這支錶，但我不需要錶，這無法幫我還清債務，我需要的是錢。

時間一天一天地流逝，那筆錢還是沒有出現，所以我開始有點沮喪。我很確定這筆錢一定會出現，只是為什麼還沒有發生呢？其實，是我自己沒有察覺宇宙給我行動的機會。我贏得一個獎品，卻完全沒有意識到這其實可以幫到我。沒錯！我可以轉售出去！當我意識到自己竟然有所疏失後，我立刻將錶賣掉，湊足了錢來還清債務。

有時，實現目標的過程會偽裝成一個讓你採取行動的機會，假如你真的什麼都不做，就會錯過豐厚的報酬了！當你不願改變，卻期待你每天用相同方式所製作出來的覆盆莓巧克力蛋糕，突然有一天變成草莓巧克力蛋糕，如果沒有改加草莓的話，口味怎麼可能會改變呢？這聽起來很愚蠢，對吧？然而，真的有很多人一生中期待著改變，自己卻墨守成規，一成不變。他們用思維、言語及情感來滋養正能量，偏偏就是不採取任何行動，卻忽略了行動本身就是一種頻率振動。

踏出舒適圈沒有捷徑

我注意到，很多人都知道該怎麼做，但就是不肯動手去做。他們總是有各種理由或者想要更簡單的途徑，真正的解決方案似乎都過於繁瑣冗長，因此這些人寧願把精力用來找更輕鬆的方式，反正都可以達到同樣的結果。找更聰明的方法確實可以有效率地提高生產力，但是找更聰明的方法也是要花費一番工夫的。我們必須接受，有些事情就是需要一步一腳印，用**辛苦的**方式完成。

比方說，你想減重就必須增加運動時間、改善自己的飲食習慣，甚至雙管齊下才能讓消耗的卡路里比吃下去的多。很多人都知道，卻無法對自己做出承諾，他們寧願找一顆魔法小藥丸或其他捷徑來解決自己的問題，花費無數時間、精力與金錢來找出奇蹟的療法。事實上，他們只需要下定決心，努力一番，就會有成效了。

另外有一些人什麼都不願意做，整天只會嚷嚷說要減肥，卻沒有採取任何行動，這樣的人往往會被貼上懶惰的標籤。他們之所以會如此可能是基於兩個原因。第一，他們打從心裡就不相信自己會成功，所以他們連想都不願意去想。第二，努力這個想法足以讓他們感到難受，有些人光想到過程中的辛苦就退縮了；上健身房運動以及轉換成健康飲食比維持原樣還要痛苦，所以乾脆什麼都不做。他們寧願選擇更輕鬆簡單的選項，也不願擴展自己的舒適圈。

不幸的是，很多人直到最後一刻才發現沒有別的選擇而不得不改變，因為當下的狀況已經比付出努力改變還令人痛苦。極大的痛苦及壓力會觸發極大的改變，這也是為什麼忍受有毒關係的情侶必須達到一個決裂點才會願意分開，因為想到自己單身又寂寞比處在受虐關係中還讓人恐懼。

你必須真心想要某件事情，才會願意開始行動。但是，不要等到痛苦的臨界點，這只會延遲顯化的時間。你先問問自己多想要這件事發生？你對結果的渴望是否大過於改變過程的害怕？

踏出你的舒適圈，與你的恐懼正面對決。

接受挑戰才有機會成長，過於舒適安逸只能維持現狀。

♥持之以恆成習慣

我們必須始終如一才能實現目標。

我們想像一下，你想鍛鍊你的肌肉，所以你購買了為期三個月的私人教練健身及營養課程，但你並沒有完全遵從教練所提供的計畫，大概一半而已。一個月後，你發現結果不如預期，還下定論說這個計畫根本無效。不然，你也可能完全遵循這個計畫，但兩、三個星期後還是沒什麼效果。你依然會說這計畫行不通。在這兩種狀況下，你都會很輕易地放棄。

如果你只做了計畫的一半，你當然只會得到一半的結果。如果你不持之以恆，就不該認為自己會得到原本預期的結果。我自己也曾做過居家健身，是一個為期兩個月的計畫，但一個月後，我根本沒有看到能讓我振奮的結果。但是，我對自己做了個承諾，必須有始有終才會看到結果。我很開心當時的我有持續下去：我在第二個月後，腰圍大約減了三英寸。

其他練習也是如此，無論是冥想、肯定語、觀想以及其他正能量練習。想要收成，必須定期且紮實地做好自己的功課。你必須要下定決心堅持下去，才能養出改變生命的好習慣。

沒有時間只是一個藉口。你無法挪出時間是因為這件事情對你而言不夠急迫，不是你的優先順序。只要是重要的事情，你都會生出時間。

「重複的行為造就了我們。因此，卓越不是單一的舉動，而是一種習慣。」——亞里斯多德

足球界的傳奇人物大衛・貝克漢曾以踢出驚人的自由球而聞名，每當他上前接球時，觀眾都深信他會射門得分。

貝克漢並非一夕之間成為自由球達人，而是日雕月琢、堅持不懈地練習，直到練出百發百中為止。當他要射球時，他都勉勵自己維持如練習時一樣的狀態，因為反覆練習必然成為習慣。

並非所有方法都有效或是適合你，適當地檢視及替換方法也很重要。如果你原本就有很好的機會，卻一直看不見進展，或許這是要你改變方法的徵兆。讓你的直覺來引領你，當你感覺事情有點不對勁的時候，事實通常都是如此！

成就非凡的恆毅力

平凡與非凡的差異很簡單：非凡的人即使不喜歡也會完成任務，因為他們只把專注力放在目標上。

當你正在追求一個對此充滿熱情的目標時，你自然而然地會有動力去實現它。如果過程中有發生任何讓你覺得不愉快的事情，你可能會重新評估進行的方式。

就算專注在自己的目標上，也會有不順遂的時刻。如果你保持在高頻的狀態，或者至少努力維持在這個狀態，動力會很自然地出現。然而，如果你的思維不在對的頻率上，想要採取行動反而會降低你的頻率振動。

動力不容易保持，特別是遇到瓶頸或者處於低潮的暗夜之中，動力只會曇花一現。這種低頻的狀態意味著自己需要抽離一下，讓自己好好充個電。

當你這麼做之後**還是**力不從心，那只好努力一下，把事情做好、做完。你應該沒有料到我會這麼說吧？這聽起來不吸引人，但是我的經驗告訴我，這種作為，也就是結合熱情與毅力的「恆毅力」（grit）正是平凡與非凡之間的分界線。這是一種恆心，當你早上不願起床或者不想開車到城市的另一邊開會時，你還是會這麼做！你知道，現下所投入的努力會得到豐碩的回饋！

就算我自己也熱衷於寫作，但還是會對創作這本書上的某些過程頗為不滿，甚至讓我覺得枯燥乏味，即便是在寫這一行文字的時候，但我還是會專注在結果上。

當你在興頭上時，一切看似輕鬆自在，但如果你想超越平凡的人生，活出更多美好，你必須在心情不好、沒有興致的時候也付出相同的努力。

♥拖延只會耽誤你夢想成真的時間

拖延是一種習慣。如果眼前的事情堆積如山，你根本不知從何開始，你會一而再、再而三地繼續拖下去。你很可能會找一些自己比較喜歡或感到自在的事情來分散注意力。趁拖延症還未扼殺自己的夢想前就先消滅它，根除這習慣才能實現你的各種目標。

慢性拖延者的行為包括：

- 將事情拖到後期或者最後一刻。
- 必須動手執行緊急任務之前先處理不緊急的事項。
- 做事情之前或者正在進行之中時，時常分心。
- 在不可避免、不得已的情況下才願意出來面對。
- 嚷嚷自己沒時間。
- 無限期等待對的時機點、對的心情才願意開始。
- 完全不想完成這件事。

你是否也中了上述這幾點呢？拖延症意指推遲某件該做的事情，有些人能先做任何事情，只要不是達成目標的那一件事就好。例如，我們必須在某個期限內繳交一份論文，拖延者則是會先瀏覽一下網路，浪費寶貴的時間才會甘願開始。

不只是針對小事，連大事也可能被耽擱。我的朋友東尼，身為心靈教練的他所服務的客戶馬爾坎，就是一個在夢想面前不斷地猶豫不決的極佳例子。馬爾坎總是害怕，不願意踏出自己的舒適圈，且又過度分析任何事情。這是拖延症常見的共同特徵，這樣的性格使他偏離了實現目標的道路。

故事就是從馬爾坎去找東尼開始，他希望東尼能夠支持他達成自己想要的目標，因為他是真心渴望想要擁有屬於自己的事業。不過，這也意味著他必須先離職，才能全心全意地來完成這件事。

馬爾坎無法理解要如何在創業之餘，還能有收入來維持自己的生活，因此他十分恐懼，也對自己沒有信心。他懷疑自己是否有成功的潛力，也不願放棄現有的生活型態，脫離舒適的生活。他告訴自己這個夢想不切實際，所以連一步都還沒有踏出去。

當東尼協助馬爾坎展開新事業的第一步時，馬爾坎極力說服自己並沒有掌握足夠的資訊，好讓事業開始運轉。他認為自己應該多花一點時間來研究，而他之所以這麼認為，就是因為他害怕失敗。

做足功課當然是讓事業成功的一個重要環節，這樣的想法情有可原。問題是，他**已經**擁有一切資訊了，這不過是用一個幻想出來的需要，當作繼續推遲的藉口。馬爾坎很雀躍，相信這個新事業會帶給這世界更多價值，但是他沒有信心縱身一躍，跨出開始的那一步。

他又花了幾個月的時間研究計畫中的每一個細節，後來竟得出這計畫毫無意義的結論。他完全推翻了這計畫，成功地說服自己退出了。東尼聽到後非常震驚，因為他認為只要馬爾坎堅持下去，這想法的確潛力無窮。

故事還沒有結束。又過了一段時間，馬爾坎被裁員了，不過他並沒有去找下一份工作，反而決定將資遣費花在他原本就深思熟慮過的商業計畫。這一次他沒有退路，因為他需要收入來過活。

馬爾坎在沒有退路，只有一點資金的情況下，踏出了他的第一步。這計畫一舉便獲得成功，要不是因為他被裁員且得到了一筆資遣費，他根本不會重新拿出這個計畫。這時，馬爾坎意識到自己先前被恐懼所蒙蔽，不然早就可以開始了。

你不需要瞭若指掌，因為你想得越多，會越容易拖延，越害怕往前走。你必須勇往直前，一小步也沒有關係。就先開始吧！

當你發現自己開始拖延時，你必須要有一個應對策略。當然，這對小目標而言不是什麼難題，像是開始寫論文，不過對於遠大的計畫，像是開創線上事業，那又是另外一回事了。

因此，你必須要將目標分成不同的階段。遠大的目標令人驚恐，似乎看不到終點線，所以要分成子目標，然後排出它們的優先順序，你才能提升自己的效率。

如果子目標看起來還是很大，就繼續拆分成更小的目標吧！

完成小目標能培養你完成大目標的信心。即便是金錢的顯化，也可以將目標設定從較小的金額開始。如果目標是一萬英鎊，你可以先從一百英鎊開始努力。當你賺到一百英鎊時，就可以嘗試下一個一百英鎊，直到你達標為止。

我們體內有四種幸福荷爾蒙：多巴胺、血清素、催產素和內啡肽。尤其是多巴胺，它會激勵我們為實現目標而採取行動，並在實現目標後提供愉悅感。如果我們對事情缺乏熱忱時，這意味著多巴胺的濃度不高。

當你完成從大目標分解的小目標後，為了慶祝達標，你的大腦會釋放多巴胺，使你願意繼續往下走，採取更多行動完成剩下的目標。

如果你的最終目標有時間上的限制，你也必須為這些小目標設下期限。只要你能按時地完成小目標，大目標也就能毫不費力地在時限內完成。

如果你還是無法改善拖延症，可以試試看以下的技巧：

- **排開所有讓你分心的事物**，即使這代表你必須轉換你的環境。當你肚子餓的時候，你是否會因為看到那些零食而大吃一頓？如果沒有零食的話，就沒有這些誘惑。容易獲得的東西也很容易使我們分心。
- **完成後給自己一個獎勵**。例如，告訴自己完成這件事後就可以去找朋友，這會給你一些值得期待的目標，激勵你先完成。
- **休息的時候，做些讓自己感到輕鬆的事情**。你需要在工作時擁有中場休息的時間，不過這個休息時間必須是固定的長度。如果你想看一集影集，就先將時間安排好，然後按照時間表走。
- **有點創意**。讓事情變得有趣些，如果事情不需思考就能完成，你可以播放一點背景音樂，來提升你的頻率。跟著音樂哼唱，也能讓你帶著愉悅的心情完成手邊的事情。
- **必要時也可以求救**。別害怕向別人求救。你可以找一位最近完成與你目標類似的人聊聊，這會帶給你一些靈感，甚至給你寶貴的指引。

- **如果不動手開始的話，請為自己設定所該承擔的後果**。例如，如果你今天不去健身房的話，就一個星期不能看電視。為了讓自己沒有反悔的機會，你可以把這個決定告訴別人。然後，就到了我們的最後一點……
- **將自己的意圖告訴可信任的朋友**。這會給你一些責任感，如果自己不夠堅定的話，這些朋友也可以推你一把，確保你完成自己的目標。

♥ 欲速則不達

耐心是實現目標的必要元素，因為顯化的過程並不會馬上發生，而如果你認為自己已經盡了全力，給出了全部，有時還是會需要一點等待的時間。接受現在事物的樣貌，並且在任何障礙、挑戰及延誤出現的情況下，保持樂觀。

時間是你最重要的資產，一旦它過了，就不會回來了。這也是為什麼那些幫客戶節省時間的企業總是特別成功，不過即便這些企業確實改善了生活的某個層面，卻也製造出凡事都得快速解決的社會風氣。

這意思是說，我們總是要求快速解決的方法，希望事情馬上就處理好，不太需要花費精力，用最少的時間達到期望的結果。線上服飾商家總是在下單的隔天讓我們拿到衣服，Amazon Prime 會在一天之內把貨物送到客戶的家門口。如果你想看電影或電視節目，打開 Netflix 就有眾多選擇。假如你想來場約會，就開啟交友軟體左右滑就好。我們的餐食也被冷凍食品取代，只要用微波爐熱一下就有得吃。不用等，就能立即擁有。

沉迷於速食文化也沒有什麼不對，卻也創造出不耐煩的文化。沒有人想等待，如果需要等待就會失去耐心，對意圖失去信心。我們總是假設一切都會毫不費力地完成。不要誤會我的意思：你的確可用迅雷不及掩耳的方式達成目標，這很棒！不過別忘記，生活中有許多事物需要一點努力和耐心。

快速解決的社會風氣只會催促我們放棄那些無法以自己預期的速度顯化的夢想，誘使我們趕緊跳入下一個坑洞。你永遠不會滿足；你的目標尚未實現，有時是因為你並沒有付出相對的努力，或是你只一心期待事情快速發生。要開始練習給自己多一點耐心了。

你會得到夢寐以求的工作、伴侶、房子、汽車等事物。

不用操之過急，相信一切自有它的安排。

你會逐漸生長成夢想中的樣子。

♥用長期的收穫換取短暫的歡愉

如果你用這個時間來使人生變得更美好，基本上你也沒失去什麼。

現在，我會為了慶祝特定的事而去參加派對，但在我青春期和二十出頭的時候，我會四處狂歡，甚至還從英國飛到墨西哥的坎昆，只為了體驗臭名昭著的美國春假。當時的我只願活在當下，因為正如我們所了解的，我們只有此時此刻，所以要好好把握享受每一刻。然而，當你有目標時，活在當下與投資未來必須有個平衡點。

當我還是上班族時，每到週五我都會特別興奮，因為週末就是不用工作的時候。我只為了週末而活，即便人生當然不只如此。週末就是要拿來獎勵自己，讓我把努力賺來的錢花在跑夜店上。當時，喝醉酒的感覺是如此地迷人啊！

然而，我的行為事實上是在說：

看著我！我花費大把時間在做一個我不喜歡的工作，替一位不尊重我的人賣命。所以，我只為週末而活，慶祝我的自由，將辛苦賺來的錢花在既昂貴又裝有傷身物質的花俏瓶子上，這樣才能讓我在這個時刻感受到生命的存在，來逃離我不想面對的工作日，同時必須討好那些處於類似困境的人。

我的內心深處總是在懷疑，我的人生願景是否會實現，擁有自己的事業，做我喜歡的事情。我甚至期待一切會突然來個大轉變，人生就變了。

接著，我會不斷地抱怨自己沒錢來投入夢想。這聽起來很諷刺，但我至少知道自己不是孤單一人，因為很多人會一邊抱怨沒錢、沒時間來開始自己的事業，一邊卻揮霍時間、金錢在休閒娛樂上。在某些地方，一杯酒精飲料甚至比一本書還貴，但到底哪一個比較有可能改變自己的人生呢？大家都投資在錯誤的地方，還經常在不知不覺中資助別人的夢想。那些努力工作的人，你的閒錢竟然造就了他們的目標。

有多少人跟我過著相同的生活，不是在夜店徹夜狂歡，就是沉溺於其他醉生夢死的娛樂。對，我們確實應該要好好享受人生，把握每一個當下，然而一味地追求**現在**所想要的，會讓你失去真正想要的，並剝奪你生命中最寶貴的財富。

我相信每個人都注定擁有屬於自己的美好人生，我也可以理解許多人不願意為了長期的回報而推遲短暫的滿足。當你不願意推遲暫時性的快樂時，這絕對會對你的未來帶來巨大的影響。

大多數的人都沉湎於一種「如果我現在擁有什麼東西，我一定會變得更快樂」的空想。殊不知，只要帶著正念及感恩的心，轉換你對現況的觀點，你現在一樣可以過得很快樂。

你有絕對自由的選擇權，但也必須承擔一切的後果。有時候，犧牲小確幸，可以在生命中成就更大的美好。

我並非要你壓下欲望或者不准你玩樂，只是要在工作與玩樂之間找出一個健康的平衡點，並且調節你的時間和精力。

焦慮無法改善你的問題，所以要善用你的注意力及能量。只有將焦慮、恐懼和擔憂放在腳下，你才能在這個世界上站穩腳步。

用信心取代恐懼

信心是為了保持樂觀去做出最積極正向的選擇。對自己的目標抱持信心有時是件耗神的事，因為恐懼會不斷地蔓延，欺騙你的感知，會引導你遠離應得的美好。

恐懼是一種幫助我們避免受到生理傷害或者死亡的機制，但是我們往往都用來當作是留在舒適圈、不願接受挑戰的藉口。濫用這藉口只會阻礙我們進步，並妨礙我們充分發揮自身的潛力。恐懼使我們過得庸庸碌碌，因為它迫使我們遠離自身的潛力，而非真正對我們有害的事物。恐懼使我們回歸日復一日的生活，並控制著我們的選擇。我們只會用寶貴的精力來幻想可能會出現的問題，而非相信事情最終會通往正途。我們的行為舉止會反映出上述的心態。

信心與恐懼，兩者都要求你信任無法預見的事情。你害怕走到冷颼颼的外頭後會生病，即便現在的你健壯如牛，外頭的寒冷根本無法對你造成任何影響。這只是虛構出來的想像，直到顯化在你的現實生活中。

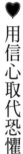

我們總是做出基於恐懼的假設。不幸的是，當你繼續滋養這些假設時，它們確實會擴展到我們的生命經驗中。

恐懼為低頻狀態，會把**不**想要的事物帶進生命中；它會削弱你的心智，並投射在你的外在經驗上。信心則截然不同。當你移除恐懼，外在的經驗就會煥然一新。比方說，無所畏懼的外科醫師不會猶豫不決，專注力也更高，所以能夠做出更好的決策，經常有傑出的表現。

用信心取代恐懼，能讓你著手去做你原本連想都不敢想的事情：它幫助我們去探索可能性的各種領域。帶著信心不代表事情會變得比較容易，但確實會讓可能性變得更大。當你在追逐自身目標時，你必須要有堅定不移的信念，即使聽到惡毒的意見，遇到坎坷的的挑戰，你還是可以堅持不懈。我所謂的信念是，即便眼前只剩下失敗的可能，你仍會堅持說：「我會成功。」

有時候我們只剩下信念，一切會變好的信念。就算這條路上只有你一個人，也要鍥而不捨，堅持下去。

♥當你什麼都做了，就順流吧

擁抱好的頻率，順著萬物之流，不用強求。當你與宇宙合而為一時，上天對你的安排就會慢慢地出現在你面前。

這世上沒有人總是能在自己所預設的期間內，就顯化自己所渴望的事物。你的頻率會改變你的結果，而且你必須接受這一切會在最適當的時機，以符合你最高益處的方式而出現，即使這代表事態的發展有時會出乎你的意料之外。

當你顯化的能力漸趨純熟後，你需要放下對目標的執著，不要強求或控制後續的發展，這只會滋生更多恐懼及懷疑。當你的心準備好時，美好才會隨之而來。

不過，並非所有事情都會如你所願，要記得被拒絕只是將你轉向更好的所在，眼前的阻礙則是使思緒暫停，讓你能夠更改計畫往更好的方向去的好機會。無論當時的挫敗有多悲慘，你**絕對**可以從中獲益。信心讓我們能夠辨識出挫折的意義，因為你的渴望經常會以其他形式的包裝送到你面前。

學習放下，順隨生命之流吧。正如我在本書一開頭所說，採取行動與按兵不動必須獲得某種平衡。而你唯一的任務，就是盡力做好自己的本分。

正面看待挑戰，
信任生命對你有安排

前言——生命的禮物藏在艱辛後

生命並非因為你軟弱而打擊你，而是因為你足夠強大。會痛，你才會發覺自己的力量。

偉大的希臘哲學家亞里斯多德聲稱，任何事情的發生都是有原因的。你要相信，所有的生命經驗都是要來形塑你，幫助你成為更美好、更強大的你。不好的經驗其實是偽裝成艱辛困境的成長機會，而非無緣無故地讓你經歷這些遭遇（這並不代表你在低谷時不能悲傷或感覺低落。在事發之後給予自己療癒的時間是很重要的）。如果你永遠把自己放在受害者的位置，生命便會如此對待你。千萬不要讓你的環境決定你的未來。

對於亞里斯多德的信念，你或許會想：「沒錯，的確如此！」這想法可能會帶來希望，或是讓你覺得有點氣惱。我可以理解為什麼有人無法認同他，畢竟當一個人遭逢了駭人的經歷後，卻被其他人這麼說，只會顯得說這句話的人對他的遭遇根本一無所知。

然而，所有人都有過一段艱辛的日子，因此某種程度上，即便無法百分之百感同身受，卻也多少能體會處於谷底的日子，因為大家都曾經歷過低潮。

有時候，我們只需要單純地相信，所有苦難的背後都有一個很好的理由，會在我們準備好接受的時候揭曉。

我的學校老師曾講過他哥哥的故事：他原本要在假期時回家，卻沒有趕上回城鎮的最後一班火車。錯失這班火車讓哥哥很失望，也讓他非常懊惱。

但是，那天晚上，這班他原本要搭的火車竟然出了意外，幾乎整班車的乘客都因此喪命。他聽到了這消息後連忙感謝上帝拯救了他，讓他與死神擦肩而過。他說：「一切自有安排。」當然，搭這班火車的親朋好友或許無法認同這句話，但是從哥哥的角度而言，算是言之有理。

我之所以能坐在這裡說出這些激勵人心的話語，也跟我父親在我很小的時候就過世有關。如果不是這樣的話，或許我說出的故事會截然不同，畢竟生命歷程將因此出現重大的變化。這並不是說他的逝世是一件好事，而是他的出現可能會讓我少吃一點苦頭。我這麼說是想要鼓勵每一個人，無論發生什麼事情，都還是要勇往直前。

看不見艱辛背後的原因，不代表原因不存在。

我們無法改變過去，只能改變自己的看法。這種思維上的轉變會讓我們願意相信，這一切是為了我們好，才會讓這件事發生在我們身上。當我們用正面的態度看待事件時，生命將會有所改善。反之，如果不願意轉換思維，我們將無法體會喜悅，只能任憑自己陷入低頻的狀態了。

♥痛苦帶來改變

生命會在給你祝福之前先考驗你。

生命中最痛徹心腑的經驗往往會帶給你最美好的改變，你需要經歷生命中的低谷，才能獲得欣賞高峰時所需的智慧、力量與知識。

當我們經歷生命的暗夜時，很難看清楚前方的道路，一切都令人困惑且充滿挑戰，也很難相信這個過程最終會有美好的果實。但是我們要記得，這趟旅程會讓我們學習如何在這個過程中做出正確的選擇。心碎過，你才會在下一次選擇伴侶時更加留心，甚至因此找到比以往的任何人都還要善待你的靈魂伴侶。

每一個選擇都會帶領你走到下一個選擇，所以你要記住，在日常生活中所做的每一個選擇，都會讓你走向不同的生命歷程。假設有位男孩約一位女孩在電影院碰面；這是他們的第一次約會，而男孩決定在出發前吃個東西，導致後來他肚子很痛，必須要上廁所，讓他整個大遲到。這位女孩剛好在男孩抵達之前，決定放棄等待他，最後憤而離去。

當男孩發現女孩已經離開了之後，只好默默地回家，卻在回家的路上撞見另一位讓他小鹿亂撞的女孩。後來，我們可以想像他們相談甚歡，墜入了愛河，並且結婚生子。這一切的發生，都是因為男孩當時錯失了原本的約會。

緣分就是如此巧妙。如果你過去曾遭遇不好的事，你可以想想近期所發生的好事，這一切都是有關連的。上一個遭遇帶給你不同的選擇，所以才會有後來這件好事的發生。

有時候，我們必須回頭看一下，然後把過去的經驗串在一起，或許你會看見背後的原因。當你仔細地回顧及研究，你可能會在瞬間恍然大悟。因此，無論未來發生什麼樣的事情，是帶給你痛苦還是快樂，你都會知道這一切的安排自有個中的原因。

有些課題會反覆出現測試你

生命在塑造你。生命以各種風雨不停地晃動你，在你跌倒時還補一腳，將你踩在底下。但是，你撐了過去，以全新、更美好的姿態走了出來，因為你跨越了別人還在試圖克服的挑戰。

當你下次祈禱你的狀況能夠轉變時，你要明白你必須處在這樣的狀況，**你**才能夠轉變。所有來到眼前的功課都是能夠完成的，而且還能讓自己更好。接著，生命又送來一些考題，看看我們是否真的能從中有所學習。有些考題十分嚴厲，有些卻又輕鬆容易。

有些挑戰會不斷出現，是因為我們尚未修練完畢，還沒好好地吸取教訓。而驗證的方式往往就是再重新考驗我們一次，繼續挑戰我們的底線。如果我現在馬上重新測試你，或許你的記憶猶新，所以可以輕鬆地完成考試。

然而，如果過幾個月再度測試你，可能就更具挑戰性，更加考驗你是否真的有所學習。例如，如果你很常因為與相識不久的人墜入愛河而受到傷害，你的功課就是要在進入一段關係之前，好好地認識眼前的這個人。

只是口頭上說我學到了還不夠，你必須證明自己有所領悟。

於是，宇宙會送來一位充滿吸引力的人到你面前，讓你能夠證明自己有學到過去的教訓。但是，如果你還是一樣重蹈覆轍，立刻墜入愛河，你很有可能再度被對方所傷害。你倒是不用對這個例子太過認真，我只是想讓你知道我們很常遇到類似的難關，而且關卡似乎都會越來越難。

♥注意將你帶離美好人生的警訊

你不會每次開車時都會擔心發生意外，這樣生活會充滿恐懼，將你逼瘋。但是，你必須做好保護措施，像是繫上安全帶，才能在意外發生時將傷害降到最低。雖然這是基於恐懼的行為，但這也是恐懼存在的意義：讓我們能夠保護自己免於傷害。

如果車禍是因為你酒駕所造成，再次酒駕只會顯示出你不負責任，是你自願讓車禍發生，而且可能導致死亡的後果。換句話說，你沒有學到教訓，還向宇宙建議自己應該要重新被測試看看。

注意周遭出現的警訊，原則上宇宙會引導你走向真實有意義的人生，去體驗生命中的美好。但是，如果現況並非自己所求，你可以問問自己是否有什麼需要去改進的地方，因為我們絕對可以從不好的經驗當中有所學習。還有，不要出於盲目的樂觀做出明明知道是不對的決定，也不要讓情感的衝動和暫時的慰藉，激發你去承受更多的痛苦。

如果你明知道這塊蛋糕咬下去只會承受更多傷害，
而你還執意這麼做，這意味著你並非是受害者，
而是飢渴、甘於受傷的自願者。

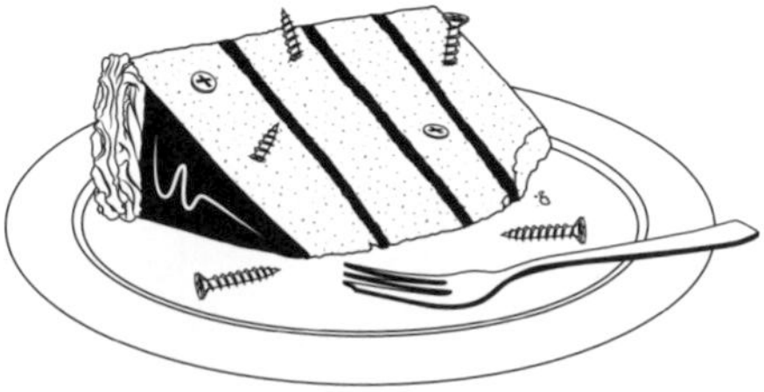

♥跟隨你的熱忱

你是帶著潛力、能力、天賦、智慧、愛與知識，來到此與世界分享你的一切。你來到這裡是為了讓世界更美好；你有一個目的，而當你無法活出注定的使命時，你的內在必然會有個空虛感，你無法解釋，只是隱約知道自己不僅是如此而已。

我相信所有人都背負著此生的使命：你是為了服務這個世界而來。這使命，連同無條件的愛與喜樂，都是我們存在的意義。使命帶給我們人生的意義。

不過，很多人都無法找出自己真正的使命，也有些人隱約知道卻被社會常理所束縛，以務實之名來當作退縮的藉口。

你想想看一顆足球，它的存在就是要被踢。如果將它放在屋內的某個角落，它的使命就無法發揮。不過，球不在乎，因為足球本身沒有靈魂。假如這顆足球有靈魂，有自我覺察的能力，被晾在屋內角落的它覺得有點奇怪、有些失落，內心彷彿遺失了什麼東西。這顆足球無法被滿足，因為它無法向這個世界展現它真正的價值。

現在，你想像一下，有人終於將足球撿了起來，並且丟了出去。這顆球在空中繞了半圈，整顆球熱血沸騰，但片刻之後，空虛感還是席捲而來，因為這雖然好玩，卻也不足以滿足這顆球。

這顆足球也許能發揮在不同用途上，只是這些事情還是無法滿足它。這顆足球以為只要它的生命中發生越多事情，就能越接近圓滿的自己。但是，經過了許許多多的大小事後，這想法也就不攻自破了。

直到有一天，有人**踢**了這顆足球，它在那一瞬間活了過來，了解到自己的最終使命：被踢。它回憶起過往的種種，將所有事情連結起來。當它劃過天際，感受到有人在它身上施加壓力時，它終於體驗到只有完成自身使命才會出現的欣喜若狂的感受。現在，這顆足球終於明白自己真正追逐的到底是什麼了。

扮演與我們的最終使命無關的角色，或許會帶來一絲短暫的滿足感，卻很少能讓我們真正獲得持久的快樂。這不代表你無法體驗喜樂，畢竟我們還是可以設法提升自身的頻率，然而唯有在活出自己的使命時，才能感受到生命極致的圓滿。

你也許會覺得更高使命的觀念聽起來很牽強，但如果你在田野間發現一支智慧型手機，你會以為只是有人將它掉在那裡。你不會以為這如此複雜的東西會是幾百萬年前，在沒有推手設計的情形下就自然產生的。然而，我們卻相信比智慧型手機要複雜千萬倍的人類種族，是經由一系列的突變及適者生存法則所誕生出來的產物。

大多數的人都接受自己應該沒什麼人生目標，不過是居住在億萬個星系當中的某一個宇宙的人類而已。然而，就如那支智慧型手機一樣，你一定也擁有存在的理由。如果無法在生命中相信自己是擁有某種使命時，你就不會盡全力活出最真實的自己。這些人只能勉強讓自己達到基本需求，日以繼夜為生存奮鬥，想盡辦法付完所有帳單。當然，這些帳單是得付清，還有我們的食物、房屋、水電、衣物等。然而，你真的認為我們的存在只是為了應付這些，然後最終一命嗚呼地離去嗎？你真的認為生命只是用來賺錢的嗎？

帶著使命過活能夠讓生命變得更偉大，而當你找到自己生命的真正意義時，你才能夠體驗到圓滿的人生。

我之前也是如此，每天做著無意義的工作，只為了享受週末兩天的自由。在這兩天內，我要不是什麼都不做，不然就是瘋狂花錢享受自由，就像我過去每逢週末都要跑一趟夜店一樣。大家只盼望著週末，讓週間的時光任意流逝，因為他們只想遠離工作，一心期待「自由時光」的到來。就這樣，一眨眼，時光一去不復返。

人生確實不容易，而金錢確實能夠帶給我們更多自由。不過，你必須信任自己能夠為全體人類做出貢獻，同時也能在財務上獲得滿足。這使命不需過於偉大，不是要你成為下一個德蕾莎或馬克・祖克柏。你只需要找到讓自己全心全意能夠享受的事情，就足以給予生命多一點價值。這也是為什麼要活出美好人生，熱忱會扮演著舉足輕重的角色。

不是每個人都了解自己熱忱的所在。靈媒達瑞爾・安卡（Darryl Anka）聲稱自己在傳遞一個稱之為巴夏（Bashar）的存有的訊息，祂建議，追隨令自己感到「興奮」的事，就是你實現心之所向的捷徑，也就是必須選擇最令你感到興奮的事來作為你的下一步。巴夏說，你不需要任何理由來證明自己的選擇，做就對了[15]。

因此，對真正讓你興奮的事採取行動吧。然而你要確保你的熱忱並非出於沒有別的選擇，或這可能是別人眼中所認為的熱忱。

> 你會情不自禁地被某件事物所吸引並非偶然。無論是它挑選你，抑或是你追求它，背後其實都是同一件事，就這麼簡單。

所以，別想得太複雜，覺得自己好像得釐清所有的可能性；別對自己不誠實，也不要強迫自己去做認為不可行的事。比方說，如果你熱愛繪畫，你可以馬上架設一個

15 〈巴夏：跟隨自己的最高熱忱而行〉。新真相，YouTube 頻道，2006 年 9 月 26 日。

網站或開一個社群媒體的帳號，與世界分享你的畫作。不用認為自己應該要馬上將作品以幾千英鎊售出，你不需要在這個階段馬上達到過高的標準。這是一個你所熱愛、可以自由發揮的空間，無須帶任何期望，因為這單純是你熱忱之所在。如果你感受不到這股激情，就代表這不是正確的道路。

你也不需要馬上放下手邊原有的義務，將自己暴露在財務風險中。不過，你需要保持好奇心，對正向的改變保持飢渴，繼續朝著能刺激你身心靈的事物邁進。

你不用擔心下一步該往哪裡走，或下一步可能會出現什麼樣的風景。記住，只要你對宇宙展現出自己的熱忱，它也將湧泉相報，更多驚奇的機會將隨之而來，只要你願意跟隨眼前的種種跡象，它將幫助你發掘生命中的康莊大道。

人生的每一小步都將積累成人生的一大步，總有一天你會將這股熱忱轉變成你的薪水支票，這件事可能是你原本就在進行的計畫的延伸；或者，如果你原本從事的是自己不喜愛的事，那麼你會勇敢地放下，開始全面投入你真正的使命。

你的出現是有目的的。你是來幫忙、去愛、去協助、拯救及娛樂他人的。你是來啟發他人、使他們微笑，是來讓這世界變得不一樣的。如果你無法奉獻任何事物，你就不可能會在這個時機點出現在這個星球上。

你的存在是有目的的。當你終於明白自己的目的時，你不單會帶來世界的變革，也能夠在你的生命中體驗到各種面向的豐盛。

♥轉換你的金錢觀

金錢完全是能量，無關好壞，在我們無限豐盛的宇宙中是取之不盡的。讓金錢來幫助你，而非使你感到完整。

有時候人們會在活出自己的使命時，對於財富的累積感到愧疚，所以我們先來定義金錢的意義。在你還沒有說出金錢是一種完成商品或服務交易的代幣時，我要先來阻止你。金錢就只是能量而已！

所以，金錢沒有好壞之分，它被賦予的涵義完全取決於你。你如何詮釋金錢，也取決於你如何吸引與金錢有關的正面或負面經驗。

有些人會利用金錢做出偉大的事，也有人在使用上只反映出他們內心的煎熬。金錢只是一個放大器；如果當你手頭拮据的時候，你就不願分享更多的良善與愛來創造更多價值，那你憑什麼認為自己在變得富裕的時候就會這麼做呢？

豐盛只會流向那些認為自己值得，也相信自己會獲得的人。讓我來考考你，你對金錢有什麼想法呢？你認為自己值得更有錢嗎？你的潛意識對金錢的想法與感受，會顯化成你當前的狀況。如果你對金錢的看法無法改變，你就只能繼續受困在目前的狀態裡。

有些人認為金錢是萬惡淵藪，卻天天期望自己可以變得有錢。這就像是走進漢堡王，你點了一份套餐，卻在還沒拿到餐點前就走出了店門口。請問宇宙究竟該如何把你取消的餐點送到你手上呢？

有些人想要得到更多錢，卻心感愧疚，只是因為有人說這種行為就叫做貪婪。說實話，大家都想要更多金錢，如此才能財富自由、無拘無束，過著夢寐以求的生活。這包括與你的愛人能到處旅行度假，而不用擔心任何開銷。如果你認為這是貪婪的表現，你將無法過上這樣的生活，因為你認為：一、金錢的供給是有限的，以及二、沒有人能夠擺脫目前的生活型態，去體驗相同程度的自由。

貪婪是建立在有限供給的基礎上，而且如果你渴望擁有絕大部分，必然會擠壓到其他人的福祉。

我們誤認自己所渴望的一切都是有限的，但事實上豐盛是由宇宙無限量供應的。

限制不過是我們頭腦的產物。當你只專注在匱乏之時，你會投射出帶有恐懼的頻率到這個宇宙，而宇宙也會回饋你恐懼。你害怕沒錢，所以努力守財。你害怕花費，因為你不確定未來是否還會擁有這麼多錢。結果，即便你這麼努力守住自己的錢財，你的頻率也只會為你創造出更多的財務困境。

當我們將能量投射在貧困時，貧困便會顯化。我並非要你不要存錢，或者隨便亂花錢，然而你要將思維專注在豐盛之流上，信任這股能量，並允許豐盛流向你。

很多時候，其他人都會告訴我們這世界多麼匱乏、多麼有限，但事實上我們擁有創造的能力，能夠掌控我們自身的狀態。當一個個體將恐懼投射在群眾之中時，全體意識的整體頻率會投射回更多的驚慌、窮苦及毀滅。而這是控制全人類一個很有效的方法。

金錢對每個人來說應該是唾手可得的，然而你和金錢之間的距離取決於你對它的態度。你要記得，金錢能夠從旁協助你，卻無法讓你的生命完整。它無法決定你的人生目標，你也無法只透過累積財富來服務他人，並為這個世界帶來更多價值。你必須要擁有做出一點改變的意願才可以。

邁向真正的幸福

快樂並非源自於他人、他方、他物。快樂源自於內心。

我刻意在整本書中盡量減少使用「幸福」這個詞，這樣我就可以把它留到最後才講。我希望你能夠明白，你必須要提升頻率振動，擁有快樂的感受，才能真正體驗到幸福。

很多人讓我們誤以為幸福必須建立在外在的影響，無論是人、地方或是物品。我們一生中都有過這樣的目標及渴望，以為只要擁有了這一切，就能夠一輩子幸福快樂。只要找到愛我們及我們愛的人，我們才會快樂。擁有自己的房子，我們才會快樂。減去二十磅，我們才會快樂。這些確實會帶給我們短暫的雀躍感，不過它一下子就消逝了，不會在你身邊停留太久。所以，當你得到了，你必須要去追求下一個外在物質，尋覓著永恆的愉悅感。

金錢往往同等於幸福及成功，不過你會發現，即便是世界上最富有的人也還是會體驗到悲傷。如果金錢能夠用來衡量幸福及成功的程度，那麼究竟哪邊是起點，哪邊是終點呢？畢竟，數字可以無限延伸下去。就算達到你所謂的目標數字，你還是會永無止盡地覬覦更多。因此，它不能用來當作衡量的工具。

我在本書的一開頭就有提到，我們不斷地追求誤以為得到才會讓我們幸福快樂的外在，而金錢也是如此：事實上，我們不是需要金錢這個東西，而是它所帶給我們的安全感與自由，因為我們認為這樣才會使我們快樂。

如果你成為這星球上唯一的一位人類，擁有所有的財富，這對你來說有用嗎？還是，你負擔得起你所渴望的任何假期或瘋狂的冒險之旅，但你的健康岌岌可危，這樣你也願意嗎？如果你現在擁有購買任何東西的財富，但是全世界都背對著你、完全忽視你，這樣也行嗎？如果你的財富源源不絕，但你必須每天在你最痛恨的職位待上二十小時，這樣又如何呢？

即便是你理想中的伴侶，也無法帶給你永恆的幸福。這些人確實可以帶給你相對的幸福感，但只要某些外在的條件改變，像是他們做出很傷人的舉動，這感覺就會化為泡影。

廣告業非常巧妙地玩弄你的幸福，利用了所有人對幸福的既定認知，告訴大家：「擁有這個就會快樂。」你下單了，但六個月後他們又推出一個全新版本，你才發現原本的產品無法帶給你一輩子的快樂，所以你又買了下一個，希望能夠讓快樂持續下去，就這樣無止盡地循環。

如果能夠時時刻刻都感到快樂，這不就是我們的終極目標嗎？你會在**任何時刻**都為你所擁有的一切感到開心，下半輩子也都會是這樣。恆久的幸福，才是所謂成功真正的樣子。

這才是真正的幸福快樂。在高頻的狀態下，無論生命的高低起伏如何，快樂都會持久不變。我相信這才是你們所要的境界，沒有任何人事物能夠改變我們的情緒狀態，只有愛與喜樂的怡然自得。

要獲得永續的喜樂需要自我掌控的能力。這是一場內在的旅程，讓你體驗到重大的靈性成長。你會自然地撇除有限的框架，只選擇能夠激勵人心的想法，而且你會養成這個習慣，永遠只看向光明面，讓過去就停留在過去。你不會活在未來，也會珍惜當下所身處的位置、所擁有的一切。你不再與他人比較，願意無條件地來愛這世界的所有一切，用**如其所是**的樣貌擁抱它們。要過得開心喔！

結語

追求美好人生並非易事，所以大多數的人都屈就於不甚美好的現況。但是，如果你願意花點時間，去消化這本書所帶給你的想法，用決心、毅力及樂觀的態度採取行動，你絕對可以脫離這群人，不再成為他們的一員。每一次都一小步、一小步地前進，才能讓你勢不可擋，離你夢想的生活越來越近。

記得，所有的挑戰都能夠讓你有所收穫，失敗並非意味著絕對的失敗，這只是你走在前往美好人生道路上的小拐彎。當你全心全意投入在某件事情上，而結果卻不理想，這或許是宇宙的訊息，告訴你這並不屬於你。它預備更好的事物給你，所以你只要繼續前進就可以了。

還有，相信自己的直覺。聆聽你腹部出現的感受，它可能在警告有毒關係的出現。聆聽你內心的聲音，它知道你什麼時候在虛度光陰。敬重你個人的界線，同時請他人也這麼做。只要你認為狀況不對勁，便是如此，無須懷疑。如果你能夠打從內心深處感受到一股有力的美好，這就對了！追隨它，讓一切自然地發生。

要有信心。放下恐懼，原本平凡的你也能活出非凡的人生。你會連結到你最高的使命，因為當你用盡全身上下每一個細胞來穿越人生，致力於個人成長時，你怎麼可能會找不到自己的心之所向呢？

你的手中握著創造美好人生所需的一切，你只需要從愛自己開始。打造並且維持你的高頻狀態，夢想就在不遠處。即便實現夢想會花一點時間，高頻狀態也會讓你這一路上都抱持著好心情，我們也不過是希望自己能快樂、開心一些，不是嗎？現在就活出讓我們感到**愉悅**的人生吧！

我向你保證，持續地愛自己會讓你達到意想之外的境地，這不像是單純地在公園漫步，而且需要一點耐心等待，甚至必須做點犧牲來成就這段旅程。不過，這一切絕對是值得的！

就交給你了！

維克斯·金

作者的使命

這聽起來或許很弔詭，不過在我的人生當中，我確實遇見許多貴人，在不同的場合中，傳遞給我這本書所要傳遞給各位的訊息。我二十一歲時，在某家書店中，有位中年婦人靠近我，對我說：「你是有福之人，上帝也在你左右。你需要將這個訊息帶給這世界，才能幫助到大家。」

還有一次，我在回家的路上等火車。當我走到月臺的尾端時，原本好好站著的其他乘客忽然開始遠離我，這真的很不尋常（我甚至聞了自己身上的味道，確定是不是自己有散發出不舒服的體味！但還好，我聞起來還可以）。不久後，有位不知從哪冒出，且用圍巾圍著頭的婦人靠近我，問我做什麼職業。當我正在回答她的問題時，她忽然打斷我說：「你很特別。」當時的我十分困惑，也有點防衛心，所以我試圖離她遠一點。她又緊接著說：「你的前世擁有許多福報，但你必須知道自己所犯下的錯誤。」

這稍微勾起我的好奇心，所以我繼續聽她說話。她告訴我關於我的前世，以及我當時是誰、我人在哪裡。她說我是隸屬於國軍的特種部隊，而且是部隊中，也是當時國家最厲害的士兵，經常打勝仗，所以傷害了很多人。她解釋我的行為帶給我所謂前世的影響。

這聽起來令人摸不著頭緒，然而故事卻十分有創意，讓我願意繼續聽下去。她告訴我在這一世必須完成我的任務，還特別強調要我控制自己的怒火，不要失去理智，不然只會一敗塗地。而且，她也鼓勵我與其他人建立正向的溝通，因為我可以療癒他人。

當時的我一直忍住笑意，畢竟這一切聽起來實在太荒唐了。她有發現我一句話都沒有聽進去，所以她最後說：「你確實可以不用相信我所說的，然而忠言無價。」當她說完後，這班延誤許久的火車終於要駛進月臺。我告訴她我必須要走了，並走進車廂中。她與我道別，但重點是她居然說出我的名字，可是我從頭到尾都沒有跟她說過我的名字。當火車準備駛出月臺時，我看出窗外，她已經消失了。

每當類似的情況發生的時候，我都認為是巧合，即便是一連串的巧合，我也都沒有多想。不過，現在看起來都通了。我的痛苦驅使我找到自己的熱忱，也讓我發現自己的使命。在我的內心深處，我總是能夠在幫助他人改善自己的生活時感受到非常純粹的喜悅，我真的好喜歡看到大家能夠贏回自己的人生。

二〇一五年底，我終於開始在 IG 上分享有關愛、人生及使命的佳句及想法。我的目標就是要在網路上分享正能量，而 IG 剛好是一個免費的平臺，能夠讓我以不用向他人收費的方式，協助許多人為自己增添人生的價值。

短短的幾個月內，我的追蹤人數暴增，大家都慕名而來。當我的知名度逐漸打開後，我每個月都會收到上百位網友的訊息，詢問我一些意見及忠告，因為他們很欣賞我的人生觀。這是一個能夠指導大家，並幫助他們走向積極改變的契機。

因此，我現在稱自己為思維教練（mind coach），訓練他人用全新的方式思考，為自己帶來嶄新正向的人生。如果你也有興趣，歡迎瀏覽我的網站 vexking.com。

請你在社群媒體上分享與這本書相關的圖畫、自己最喜愛的影像、頁面、引言、經歷等，然後使用標籤 #VexKingBook，我會去按讚，也會分享在我的頁面上。

謝辭

致卡爾莎（Kaushal），我的妻子、我的靈魂伴侶、我的摯友，妳不僅鼓勵我寫出這本書，也激發我與這世界分享我的思想，妳至始至終都相信我，看見如其所是的我。沒有妳，我無法在這趟旅程走到這麼遠。妳，是我這輩子最美好的人生伴侶。

感謝姊姊們努力撫養我長大，還得忍受我的調皮搗蛋。我知道這不是一件輕鬆的事，但妳們在我成長的過程當中給我滿滿的耐心。妳們從頭到尾都在我身邊，甚至還陪我度過艱難的時刻。沒有妳們，我可能也撐不下去，成為現在的自己，能夠與大家分享我的智慧。

致珍（Jane），我的經紀人，也是賀氏書屋出版社的團隊之一：謝謝妳一直願意相信這本書以及我能透過文字來改變世界的力量。妳的努力及支持對我而言是如此無價，也感謝妳給我這個機會，讓這個世界邁向更美好的境界。

最後，我想感謝社群媒體上的追蹤者，你們不斷地支持、鼓勵我繼續分享我的視野。這本書是因為你們而出現，也是為了你們而存在。

關於作者

維克斯・金是一名思維教練、作家以及生活風格創業家，他將與生俱來的商業敏銳度、對藝術的創造性，與哲學思維、靈性智慧和正向樂觀的信念融合在一起，因此達到各方面的成功。

除了是一名樂觀主義者、遠見卓識者和慈善家，維克斯還是 Bon Vita 生活風格品牌的擁有者和創始人，這平臺提供賦能的觀點、靈性的智慧、實用的解決方案、勵志的故事，以及人生的經驗給需要的人們。

維克斯運用自己的正能量頻率來散播人生的美好，幫助所有人都能夠打開自己的潛能，在自己的生命中盡情展現全方位的卓越。

附錄：作者的正能量金句節選

改變自己所思、所感、所言、所行，你將能夠改變你的世界。

Change the way you think, feel, speak and act, and you begin to change your world.

高頻率振動會帶給你美好的感受，也代表自己更有能力讓美好顯化在生活當中。

Higher states of vibration will help you feel good, which means you can manifest more good things in your life.

讓身邊充滿比你高頻的人，比你感覺美好的人。能量是有渲染力的。

Surround yourself with people who are vibin' higher than you. Be around people who are feeling better than you are. Energy is contagious.

有時候，你必須斷絕自己與世界的連結，這樣才能重新開始。

Sometimes you have to unplug yourself from the world for a moment, so you can reset yourself.

戲劇純屬於電視娛樂，而非現實生活。不用隨著他人起舞，因為這些人都以為自己才是主角。

Drama is for TV, not for real life. Don't play a part in someone else's episode in which they are the only star.

忽略負面的情緒只是把未爆彈埋在你的內在系統之中。你必須試圖理解自己所感受到的每一份情緒，目的並非是將正面思考加諸在自己腦海之中，而是將負面能量轉化為更健康的狀態，你才能安頓自己。

Ignoring negative emotions is like keeping poison in your system. Learn to understand everything that you feel. The aim isn't to force positive thoughts, but to transform the negative ones into something healthier, so you can feel better.

每當你花一秒鐘想著下一秒的事情時，你就無法好好地享受當下。確保自己沒有在腦海中度過你的一生。

Every second you spend thinking about the next moment you avoid embracing the present. Ensure your life isn't lived entirely in your head.

遠離降低自己頻率的人事物並非自私，也絕非懦弱的象徵。人生是種平衡，是散播美好良善，不是任由其他人將美好良善從你身上奪去。

It's not selfish or a sign of weakness to distance yourself or walk away from those who constantly bring down your vibe. Life is about balance. It's about spreading kindness, but it's also about not letting anyone take that kindness away from you.

創造一個能夠暢談彼此真實的問題，而非只會在社群媒體上交流的關係。社群媒體上的伴侶狀態並不會解決彼此的紛爭，你需要的是一段交心的對話。

Create a relationship where you talk to each other about your problems, not where you talk about each other on social media. Statuses don't fix relationship issues, honest conversations do.

簡化朋友圈，只留下能為你生命加分的朋友；捨去不好的實則為一種加分，數量少反而意味著更多、更好。

Simplify your circle of friends. Keep those who add value to your life; remove those who don't. Less is always more when your less means more.

如果你無法證明自己對於某些事情的認真堅決，你也不能期望他人對這件事持有同樣的態度。

If you don't prove that you're serious about what you want to do, you can't expect other people to be serious about it either.

想幫助他人提升頻率之前，先確保自己的能量不會被扼殺。先保護好自己的能量再說。

Before you try to fix someone else's vibe, make sure you're not killing your own in the process. Protect your own energy first.

並非所有人都支持你、接受你，更別說試圖了解你。有些人就是不願用好意的方式看待你的能量。放過他們吧！繼續向前走，擁抱自己的快樂吧！

Not everyone is going to get you, accept you or even try to understand you. Some people will just not receive your energy well. Make peace with that and keep on moving towards your joy.

當你不斷地追逐，想要滿足大家的需求，你會發現你永遠都追不上。最後，你不但無法滿足他們，連自己也不行。

If you keep trying to satisfy others, you will never keep up. In the end, you will satisfy neither them nor yourself.

你不會是他人心目中永遠最重要的人，所以你必須成為自己心目中最重要的人。學習享受陪伴自己，照顧自己，用鼓舞正向的話語跟自己談心，讓你能夠成為自己最大的支持者。你的需求很重要，所以請正視它們。不要依靠任何人。

You won't be important to other people all the time, and that's why you have to be important to yourself. Learn to enjoy your own company. Take care of yourself. Encourage positive self-talk – and become your own support system. Your needs matter, so start meeting them yourself. Don't rely on others.

你牛仔褲的尺寸無法定義真實的你。膚色不行。體重計上面的數字不行。臉上的疤痕不行。他人的期望也不行。他人的評語更不行。

The size of your jeans doesn't define you. The colour and shade of your skin doesn't define you. That number on the scales doesn't define you. Those marks on your face don't define you. Those expectations don't define you. Those opinions don't define you.

請忽視其他人的所作所為，這是你的人生，不是他的。別把專注力放在他人的途徑，專心走自己的路。這裡才是你人生之旅的起點。

Ignore what everyone else is doing. Your life is not about everyone else; it's about you. Instead of focusing on their path, pay attention to your own. That's where your journey is taking place.

我們將成功等同於有名、有錢、有昂貴之物。然而，將自己拉出谷底也是一種成就。別忘記，你沒有放棄自己的每一天，你所安然度過的每一天，也都是一種成功。

We assume success is about being famous, rich and owning expensive things. But if you've pulled yourself out of a dark place, that's a great success in itself. Don't forget that you're winning each day you don't give up and you make it through to the next.

你的獨特性是一種祝福，不是負擔。如果你試圖變得跟其他人一樣，你的人生也會跟他們的差不多。盲目地跟從大眾只會讓你也變成他們的一部分，讓你無法出眾。走向同樣的途徑，也必然看見相同的風景。

Your individuality is a blessing, not a burden. If you try to be like everyone else, your life will be no greater than theirs. By following the crowd, you'll become a part of it and fail to stand out. By travelling the same road as them, you won't get the chance to see anything different from what they see.

請原諒自己曾做出錯誤的決定，原諒自己曾經喪志的時候，原諒自己曾經自我傷害及傷害他人，原諒自己所犯下任何的錯誤。重要的是，你必須願意帶著不一樣的思維，繼續往前進。

Forgive yourself for the bad decisions you've made, for the times you lacked belief, for the times you hurt others and yourself. Forgive yourself for all the mistakes you've made. What matters most is that you're willing to move forward with a better mindset.

你的思維創造了你的現實人生。所以，下次如果有人告訴你，你的夢想不切實際，快回到現實生活來，你要明白，他們是在說自己的現實面，不是你的。

Your mentality forms your reality. So the next time someone tells you you're being unrealistic about your goal and to come back to reality, realize that it's only their reality that they're talking about, not yours.

當你改變不了情勢時，就改變自己對此的感知。這才是你個人力量的所在：你要不是被掌控，不然就是由你掌握。

If you can't change a situation, change your perception of it. That's where your personal power is. Either be controlled – or be in control.

話語會成真，你擁有透過言語將你的真實轉變成實際事物的能力。

What you verbalize will eventually materialize. You have the power to talk aspects of your reality into existence.

文字可傷人、可助人，也可療癒人。你所說、所寫的每一個字都是有力量的。你所傳遞的訊息意義重大，要明智地使用。

Words can hurt, help or heal. There's power in everything you write and say. Your message is significant; be wise with it.

你是自己未來的作者，將你的渴望寫下來，並在真實的人生中演出吧。

You are the author of your future. Write about what you desire and live your story.

不用擔心夢想如何成真，不然你只會想到各種限制。你只需要確定自己所想要的，而整個宇宙就會為你安排好。無論你現在走在什麼路上，宇宙都會支持你，在各處設下暗號，幫助你抵達心之所向。

Don't worry about how it's going to happen, otherwise you'll begin to create limitations. Just be certain about what you want and the entire Universe will rearrange itself for you. Whatever the path you might be on right now, it will support you. It will provide you with the signs to get you to where you want to be.

平凡與非凡的差異很簡單：非凡的人即使不喜歡也會完成任務，因為他們只把專注力放在目標上。

The difference between ordinary and extraordinary is simple: extraordinary people will get things done even when they don't feel like it, because they're fully committed to their goals.

擁抱好的頻率，順著萬物之流，不用強求。當你與宇宙合而為一時，上天對你的安排就會慢慢地出現在你面前。

Embrace good vibes and learn to let things flow. There is no need to force outcomes. Once you are in harmony with the Universe, what's meant to be yours will come to you.

生命並非因為你軟弱而打擊你，而是因為你足夠強大。會痛，你才會發覺自己的力量。

Life doesn't battle you because you're weak, it battles you because you're strong. It knows that if it gives you pain, you'll realize your power.

生命在塑造你。生命以各種風雨不停地晃動你，在你跌倒時還補一腳，將你踩在底下。但是，你撐了過去，以全新、更美好的姿態走了出來，因為你跨越了別人還在試圖克服的挑戰。

Life conditions you. It swings at you, it kicks you while you're down and it stamps on you. And yet you survive and walk around as the new and improved version of yourself. Because the challenges that some people still find hard, you have overcome.

金錢完全是能量，無關好壞，在我們無限豐盛的宇宙中是取之不盡的。讓金錢來幫助你，而非使你感到完整。

Money is merely energy – neither good nor bad, and unlimited in our infinitely abundant Universe. Make money to assist you, not to complete you.

你的存在是有目的的。當你終於明白自己的目的時，你不單會帶來世界的變革，也能夠在你的生命中體驗到各種面向的豐盛。

There is a purpose behind your existence, and when you discover what it is, you will not only change the dynamics of the world, but also experience abundance in all areas of your life.

國家圖書館出版品預行編目(CIP)資料

沒有好條件，也能夢想成真：百萬人氣的人生導師，教你善用好頻率、調整思維、擺脫低潮，就能扭轉人生！／維克斯．金（Vex King）著；鍾莉方譯. -- 初版. -- 新北市：大樹林出版社, 2021.10
面；　公分. --（心裡話；11）
譯自：Good vibes, good life : how self-love is the key to unlocking your greatness
ISBN 978-986-06737-5-3（平裝）

1.成功法 2.自我肯定 3.生活指導

177.2　　110015938

心裡話 011

沒有好條件，也能夢想成真：

百萬人氣的人生導師，教你善用好頻率、調整思維、擺脫低潮，就能扭轉人生！

作　　者／維克斯．金（Vex King）
翻　　譯／鍾莉方
總 編 輯／彭文富
執行編輯／陳維岳
內文排版／菩薩蠻數位文化有限公司
出 版 者／大樹林出版社
登記地址／新北市中和區中山路 2 段 530 號 6 樓之 1
通訊地址／新北市中和區中正路 872 號 6 樓之 2
電話／ (02) 2222-7270　傳真／ (02) 2222-1270
官　　網／ www.gwclass.com
E – mail ／ notime.chung@msa.hinet.net
Facebook ／ www.facebook.com/bigtreebook
發 行 人／彭文富
劃撥帳號／ 18746459　　戶名／大樹林出版社
總 經 銷／知遠文化事業有限公司
地　　址／ 222 新北市深坑區北深路三段 155 巷 25 號 5 樓
電　　話／ 02-2664-8800　　傳　　真／ 02-2664-8801
初　　版／ 2021 年 10 月

定價：台幣／ 350 元　　ISBN ／ 978-986-06737-5-3